Cunningham's Magical Sampler: Collected Writings
and Spells from the Renowned Wiccan Author
Copyright © Scott Cunningham, 2012

Publicado pela Llewellyn Publications
Woodbury, MN 55125, USA www.llewellyn.com

Imagens de Miolo © Chris Down, © Clipart.com, © Dreamstime
Tradução para a língua portuguesa © Luciana Dias, 2023

Diretor Editorial
Christiano Menezes

Diretor Comercial
Chico de Assis

Diretor de MKT e Operações
Mike Ribera

Diretora de Estratégia Editorial
Raquel Moritz

Gerente Comercial
Fernando Madeira

Coordenadora de Supply Chain
Janaina Ferreira

Gerente de Marca
Arthur Moraes

Gerente Editorial
Marcia Heloisa

Editora
Nilsen Silva

Assistente Editorial
Renan Santos

Capa e Projeto Gráfico
Retina 78

Coordenador de Arte
Eldon Oliveira

Coordenador de Diagramação
Sergio Chaves

Designer Assistente
Jefferson Cortinove

Finalização
Sandro Tagliamento

Preparação
Jane Rotta

Revisão
Francylene Silva
Retina Conteúdo

Impressão e Acabamento
Coan Gráfica

DADOS INTERNACIONAIS DE CATALOGAÇÃO NA PUBLICAÇÃO (CIP)
Jéssica de Oliveira Molinari – CRB 8/9852

Cunningham, Scott
   Livro Mágico / Scott Cunningham ; tradução de Luciana Dias.
   — Rio de Janeiro : DarkSide Books, 2023.
   256 p.

   ISBN: 978-65-5598-194-0
   Título original: Cunningham's Magical Sampler

   1. Wicca 2. Ciências ocultas I. Título II. Dias, Luciana

23-3103   CDD 229.94

         Índice para catálogo sistemático:
                  1. Wicca

[2023]
Todos os direitos desta edição reservados à
DarkSide® Entretenimento LTDA.
Rua General Roca, 935/504 — Tijuca
20521-071 — Rio de Janeiro — RJ — Brasil
www.darksidebooks.com

SCOTT CUNNINGHAM

✶ LIVRO ✶
MÁGICO

*FEITIÇOS, ENSAIOS
E RITUAIS*

TRADUÇÃO
LUCIANA DIAS

D A R K S I D E

LIVRO MÁGICO
SCOTT CUNNINGHAM

SUMÁRIO

11 PREFÁCIO *por* Raymond Buckland

CRESCIMENTO E PODER PESSOAL

15 VESTINDO-SE DE PODER
22 DISCRIÇÃO NA MAGIA
25 A FEITICEIRA: UMA FÁBULA DE ESOPO
27 A TRADIÇÃO DO DINHEIRO
30 MAGIAS DE PROTEÇÃO
33 NOMES MÁGICOS
35 TATUAGEM
39 DICAS DE MAGIA PARA O LAR
42 MAGIA E TECNOLOGIA
46 CIÊNCIA E MAGIA

INSTRUÇÃO E MAGIA APLICADA

51 O PROFESSOR DE MAGIA
55 PALAVRAS MÁGICAS: UM PEQUENO GLOSSÁRIO
61 RITUAIS MÁGICOS
65 REMÉDIOS DAS MULHERES SÁBIAS
68 INFORMAÇÕES LUNARES
72 FEITIÇOS DE AMPULHETA
75 ALGUNS TERMOS COM A PALAVRA "BRUXA"
79 A ÁRVORE DE YULE
83 FONTES VALIOSAS
87 O ESPLENDOR DA FEITIÇARIA

ERVAS E ALIMENTOS

91 A DESPENSA MÁGICA
98 CHÁS DE ERVAS RITUALÍSTICOS
101 UMA SOPA MÁGICA PARA CURA
103 BRUXINHAS DE COZINHA
106 ALIMENTOS DOS SABÁS
111 ANTIGOS FEITIÇOS COM ERVAS
114 O CÓDIGO DE ERVAS DE SHAKESPEARE
118 JARDINAGEM MÁGICA EM VASOS
121 COLHENDO PLANTAS PARA USO MÁGICO

A NATUREZA E O PODER DA TERRA

127 UM MANUAL DE RITUAIS E FEITIÇOS DE MAGIA NATURAL
133 AS ÁRVORES COMO FERRAMENTAS DE CONSCIÊNCIA PSÍQUICA
135 PRESSÁGIOS CLIMÁTICOS
139 AMULETOS COM PÁSSAROS
141 UM FEITIÇO COM NEVE
144 A MAGIA DO ORVALHO DE MAIO
146 A MAGIA DAS CONCHAS
150 FEITIÇOS
157 MANEKI NEKO, O GATO DA "SORTE" DO JAPÃO

CULTURA E TRADIÇÕES ANCESTRAIS

- 161 A MAGIA NO HAVAÍ
- 169 ANTIGOS ORÁCULOS GREGOS
- 173 ZEUS NOS AJUDE
- 175 HÉCATE
- 177 AS AVES DAS DIVINDADES
- 180 ÍRIS: DEUSA DO ARCO-ÍRIS
- 183 ANTIGO INCENSO EGÍPCIO
- 185 ANTIGO FEITIÇO EGÍPCIO PARA CURAR UMA MORDIDA DE CACHORRO
- 187 UMA ANTIGA FORMA DE DIVINAÇÃO
- 190 O HOMEM DA LUA
- 194 MAGIA MEXICANA
- 197 TREVO-DE-QUATRO-FOLHAS
- 199 A MAGIA DO BARBANTE
- 202 POÇOS MÁGICOS

207 A MAGIA DE SCOTT CUNNINGHAM
por Donald Michael Kraig

PREFÁCIO

Em 1990, a Llewellyn Publications decidiu publicar um Almanaque de Magia anual e me pediu para editá-lo. Prometendo muita diversão e a chance de ver o mundo da magia se abrindo diante de nós, eu esperava receber artigos da vasta gama de escritores que produziam livros para a editora. Infelizmente, eles demoraram para aderir à ideia. O resultado foi que eu mesmo acabei escrevendo grande parte da primeira edição. Porém, de forma lenta, mas segura, o *Almanaque de Magia* ganhou terreno e não demorou até que eu tivesse uma ampla variedade de artigos para escolher todo ano.

Desde o começo, entretanto, sempre houve um colega escritor com quem eu podia contar: Scott Cunningham. Morávamos perto um do outro, em San Diego, e éramos bons amigos. Tínhamos interesses em comum e, por coincidência, o mesmo senso de humor. Eu sempre soube que, se estivesse com pouco material e o prazo terminando, eu podia ligar para Scott e ele produziria alguma coisa para mim. "Vestindo-se de Poder", "Magia no Havaí", "Tradições de Yule", "O Professor de Magia",

"Magia e Tecnologia", "A Despensa Mágica", "Um Feitiço com Neve" e "Feitiços" são todos artigos de Scott que apareceram nas primeiras edições.

O *Almanaque de Magia* ganhou popularidade ao longo dos anos. Atuei como editor nos três primeiros e então, em 1993, Scott se juntou a mim e nos tornamos coeditores. Quando o apresentei aos leitores, declarei: "Ele é mais feliz quando lê ou escreve, mas pode ser impossível tirá-lo do telefone!". Também percebi que Scott tinha uma coleção de caranguejos-eremitas. Naquela edição, Robin Wood também se juntou a nós como designer, e seu senso artístico aprimorou o almanaque.

Scott escreveu a introdução do Almanaque de 1993, onde dizia: "O obscuro reino da magia sempre teve sua parcela de adeptos, em todas as épocas. Livres de pensamentos rigidamente mundanos, os magos esculpem o futuro com feitiços atemporais, trabalhando com os poderes da Terra, do sol, da lua, dos planetas e dos elementos para criar uma mudança positiva. Forjando suas vidas com as forças da natureza e suas próprias energias, esses magos (operadores do poder) descobrem que a vida é uma série de oportunidades nunca sonhadas pela maioria dos seus colegas". Scott com certeza era um desses operadores do poder.

Raymond Buckland

Crescimento e Poder Pessoal

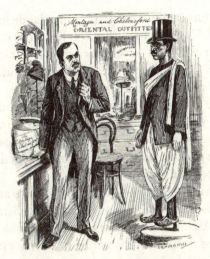

Vestindo-se de Poder

(Scott Cunningham define magia como "a projeção de energias naturais porém sutis para produzir uma mudança necessária". Esse artigo é o resultado de sua investigação permanente sobre como podemos incluir a magia em nosso dia a dia.)

Muito se fala hoje sobre "almoços poderosos", "carros poderosos" e "cores poderosas" para roupas. A premissa por trás disso, de que a imagem que você apresenta te ajuda a progredir no mundo, nada tem a ver com esse artigo. O poder, aqui, é visto como algo real, o combustível que abastece a magia. Tudo que existe, incluindo as cores, contém energia. Como as roupas são coloridas, elas podem ser usadas para objetivos mágicos assim como cristais, ervas, música, comida e praticamente qualquer coisa.

Essa é uma prática ancestral. Um exemplo excelente dos usos especiais do vestuário hoje são as túnicas usadas por alguns magos ritualísticos e wiccanos (bruxos). Em geral, eles usam túnicas com capuz, feitas de fibras naturais, utilizadas de forma exclusiva nos rituais. Elas podem ser lisas ou bordadas com estampas específicas, e costumam ser usadas para despertar a "personalidade mágica" do praticante a fim de preparar sua consciência em cada nível para o ritual a ser realizado.

Isso tudo é ótimo, mas nossas roupas do cotidiano também nos oferecem possibilidades poderosas de melhorar nossas vidas e moldar nosso futuro em experiências mais positivas. Qualquer um pode praticar magia de vestuário e, sem dúvida, a arte de se vestir pode ser mágica.

Primeiro, a cor das roupas que usamos, tanto as que podem ser vistas pelos outros quanto as que não são vistas, é de vital importância. Assim como as cores em nosso ambiente nos afetam, as de nossas vestimentas também. Abaixo estão algumas ideias gerais em relação às cores das roupas e seus efeitos mágicos, mas antes, algumas observações:

- Para incluir a influência de uma cor específica em sua vida, esteja consciente dela. Olhe para suas roupas durante o dia e sinta a energia que elas emanam. Faça do ato de se vestir um ritual. Quando vestir a primeira peça da cor que escolheu para ajudá-lo, visualize aquele poder se tornando parte de você. Aceite-o.

- Você não precisa criar um visual inteiro com uma única cor. Contanto que use alguma peça da cor necessária, a magia dela consegue atuar. (Se, por exemplo, alguém se sentir desconfortável usando rosa, pode apenas usar a cor em uma peça que não será vista, como roupas de baixo, meias etc.)

- Quando alcançar seu objetivo, mude para uma nova cor e um novo propósito. Continuar usando uma cor dia após dia talvez cause desequilíbrios; três meses usando apenas azul podem deixá-lo depressivo; vermelho demais pode deixá-lo com o sangue fervendo! Mantenha o equilíbrio.

- Roupas sujas não funcionam de forma adequada. Se você decidir usar as vestimentas como ferramentas de magia, prepare-as de forma "ritualística" lavando-as com frequência.

- Lembre-se de permitir que a energia da cor o afete. Convide-a para entrar: não apenas vista uma camisa vermelha e espere que ela faça todo o trabalho. Prepare-se para a mudança vindoura.

- Como será visto na discussão a seguir, cores específicas de vestuário podem ser usadas durante atos específicos de magia para aumentar seus efeitos.

As Cores

Use roupas brancas para purificação. São excelentes para acabar com a incerteza, livrar da depressão, e se libertar de hábitos negativos do passado. Também são, é claro, apropriadas para uso durante todos os rituais de purificação. O branco é a cor clássica da época da Lua Cheia. Use-o para encontrar paz interior.

Vestuário rosa estimula o amor. Se você tende a passar o dia (no trabalho ou lazer) com uma atitude negativa e agressiva, peças na cor rosa vão acalmá-lo e gerar uma personalidade mais agradável. É também ideal quando for relaxar ao lado de uma pessoa amada ou quando estiver procurando um relacionamento interpessoal.

Para atrair atenção e objetos para si, o laranja é a cor perfeita. Tendo uma poderosa força de atração, a cor é ótima para ser usada durante rituais solares, com o objetivo de ser notado em uma multidão ou quando for pedir para ser promovido no trabalho.

Roupas vermelhas produzem energia física. Se precisar trabalhar muitas horas para terminar algo, ou se simplesmente não consegue acordar de manhã, vista alguma peça vermelha e deixe a energia da cor ajudá-lo a dar a partida e seguir em frente até completar a tarefa. No passado, acreditava-se que roupas vermelhas protegiam as crianças. Hoje, vemos essa cor como protetora pois suas energias são fortes o bastante para desviar influências externas. Não é uma cor apropriada para pessoas agressivas ou extrovertidas; elas não precisam de vermelho.

Para melhorar sua mente, use roupas amarelas. Essa cor estimula a mente consciente e pode ajudar no estudo, na memorização e na necessidade de absorver informações novas. Se você for desatento, experimente vestir algo amarelo. Chapéus, claro, seriam muito apropriados.

Roupas verdes já foram consideradas de azar, em especial para as noivas. Na Irlanda, essa cor foi considerada um tabu por muito tempo devido a suas conexões com as fadas. Até mesmo os alimentos verdes não eram consumidos. Entretanto, o verde é ótimo para se usar a fim de aumentar as chances de receber dinheiro, promover fertilidade tanto física quanto espiritual e, de acordo com algumas tradições, preservar a saúde.

O azul é considerado uma cor de sorte para roupas quase no mundo todo. Uma antiga rima diz:

Aquele que azul vestir
Nenhum perigo vai sentir.

Outrora, acreditava-se que a cor protegia seu usuário de ofensas. De uma perspectiva mágica, uma roupa azul desperta a consciência física e, portanto, é perfeita para estimular a intuição. A cor também é usada na busca por informação psíquica e em curas para problemas físicos, mentais e emocionais.

Roupas violeta e lilás são ideais para entrar em estados meditativos, o que não é a melhor coisa quando você está dirigindo! Em casa, entretanto, vestuário nessas cores (mesmo que só uma camiseta) pode ser usado em momentos de contemplação silenciosa ou para atividades espirituais.

Quando for realizar rituais mágicos, o roxo é a melhor opção, pois essa tonalidade é ligada ao akasha, o poder do universo. Sua outra associação, com riqueza, deve ter alguma coisa a ver com um breve período recente em que foi considerada a cor de poder entre os homens no mundo corporativo.

Peças marrons são adequadas para momentos de paz. O marrom funde-se com a Terra e é reconfortante e acolhedor. Os animais respondem de forma positiva a essa cor, mas isso não necessariamente vai deter ataques de cães bravos.

O cinza é uma cor neutra com pouco efeito mágico. É adequado para roupas em geral.

Roupas pretas ainda assustam muitas pessoas. Os heróis nos filmes antigos usavam branco enquanto os "vilões" usavam preto (simbolizando a maldade). Entretanto, assim como a noite não representa o mal, a cor preta também não. Para muitos, as roupas pretas atuam como um escudo que protege o usuário de energias e influências externas. É uma cor de proteção. Use quando você não desejar ser notado em excesso. Muitos ritualistas usam túnicas pretas durante os trabalhos de magia devido a suas ligações com o espaço sideral e as divindades que criaram tudo que existe.

Os efeitos mágicos das roupas multicoloridas dependem, é claro, das cores usadas no material. Pinceladas fortes de vermelho vivo ao longo do azul frio podem produzir um caos mágico para algumas pessoas, ao passo que outras não irão sentir nenhum efeito. Ainda assim, essa estampa elaborada pode ser protetora. Experimente peças desse tipo (se você as tiver) para descobrir como o afetam.

O xadrez, o genérico tartã que continua sendo usado no vestuário masculino e feminino, é uma estampa há muito considerada protetora. As que incorporam o vermelho no padrão são excelentes para esse uso. As linhas se cruzando vinculam e protegem quem as usa.

Os Materiais, e Mais

Quanto ao tipo de material: indo direto ao ponto, descarte o poliéster e outros tecidos sintéticos, pelo menos para o vestuário externo. Eu não desejo andar por aí em um saco plástico, que é exatamente o que essas coisas são. Materiais sintéticos são, afinal, sintéticos, e nada úteis na magia.

Algodão, linho e lã, mesmo sendo mais caros, são os materiais ideais. No passado, pensava-se que a lã levava a desejos sexuais e por isso seu uso era vedado a quem estivesse em busca espiritual. Esta também pode ser a razão pela qual o linho se tornou tão popular entre o clero ocidental. Deixando a cor de lado por um momento, a única coisa em que eu reparei sobre a lã, em geral, é que ela pinica. O algodão é o melhor material para se utilizar em quase todas as vestimentas usadas na magia.

Se você tiver sucesso com a magia das roupas, os horizontes são ilimitados. Você pode decidir tingir sua própria vestimenta para produzir o exato tom desejado. As estampas *tie-dye*, por exemplo, são protetoras. Quem souber bordar pode acrescentar símbolos às suas roupas para objetivos específicos. Sinais de "sorte" pessoais, runas e símbolos planetários são todos apropriados.

Quase todo artigo de vestuário, dos sapatos e meias aos cachecóis e chapéus, está repleto de magia antiga. Por exemplo, você sabia que sapatos de salto alto são considerados protetores? (Pode ser, mas acabam com os pés!) Quem estivesse aguardando a resolução de um assunto complexo era orientado a soprar o ar para dentro de uma das mangas. E você já se perguntou por que algumas meias de cores escuras são brancas na parte dos dedos? Elas eram originalmente feitas assim para proteger quem as usasse de tropeçar em gnomos.

Superstições relacionadas ao vestuário são abundantes. Não coloque chapéus e sapatos em cima da cama. Faça nós em uma peça de roupa íntima de seu companheiro para garantir fidelidade. Se por acidente vestir uma roupa pelo lado avesso, você deve usá-la assim para ter sorte. Ou, se estiver tendo um dia ruim, tire suas roupas e vista-as pelo avesso para atrair mudanças positivas. Tais crenças populares são resquícios um tanto esquecidos de rituais realizados há muito tempo. Elas indicam o poder que os antigos viam nas roupas.

Admito, esse tipo de magia não é para quem segue os ditames da alta costura, a qual autoriza outros a determinarem o que está "na moda" e o que se deve usar. Esta magia é para os individualistas autênticos em busca de assumir o controle das próprias roupas e da própria vida.

Então, da próxima vez que você olhar para o seu guarda-roupa e suspirar para si mesmo: "O que eu devo usar hoje?", reflita sobre este texto e vista-se de poder!

Discrição na Magia

Um dos princípios básicos da magia, como nos ensinam com frequência, é a *discrição*. Não fale sobre seus trabalhos mágicos, nos dizem. Não conte aos amigos sobre seu interesse em magia, muito menos discuta o ritual de velas que realizou na noite anterior.

Fique quieto, nos ensinam. Não fale. Deixe o poder acontecer. Alguns dizem que ao falar sobre suas práticas mágicas, você dispersará as energias que colocou nelas. Outros afirmam que quem não é mago, quando souber de um ritual que você realizou, enviará energias negativas e incrédulas que vão impedir a manifestação de seu feitiço. Alguns magos dirão que manter em sigilo sua aptidão para assuntos de magia já foi necessário para salvar a própria pele. Outros não apresentam motivo algum. Apenas repetem o velho código: "Fique quieto".

Isso é superstição? Talvez. Muitos magos que trabalham com energias que os cientistas ainda não conseguiram localizar ou identificar não sabem tudo sobre elas. Eles podem ter visto a efetividade dos rituais que realizaram. Podem até ter contado a amigos próximos sobre esses rituais antes das suas manifestações, sem efeitos nocivos. Mas logo o assunto da discrição começa a vir à mente.

"Devo falar sobre essas coisas?", eles se perguntarão. "Afinal, o livro tal afirmou que uma língua solta afunda feitiços. Uma mulher que eu conheço faz rituais o tempo todo, mas só fala sobre eles *depois* que fizeram efeito. E tenho certeza de que existem muitos magos que nunca diriam uma palavra sobre a vela azul que acenderam, sobre seus banhos de ervas, suas visualizações, cânticos ou rituais ao luar."

A dúvida logo encobre a mente dos magos. Com o tempo, acabam por fechar a boca e não comentar sobre seus rituais. A discrição, mais uma vez empregada no processo.

Isso é lamentável e desnecessário. A verdadeira magia, o movimento de energias naturais que criam a mudança necessária, não conhece limites. Falar de um ritual para outras pessoas não dispersa as energias. Ao contrário, proporciona a você uma nova oportunidade de enviar mais poder em direção a seu objetivo mágico.

A descrença também não é um motivo satisfatório para a discrição na magia. O ceticismo alheio tem tanto efeito na magia quanto a dúvida de uma pessoa sem instrução sobre a capacidade de uma calculadora de somar dois e dois e chegar a quatro. O objeto fará seu trabalho apesar da dúvida do observador. A magia também vai.

Há outras razões pelas quais a calculadora talvez não realizasse essa operação simples: microchips defeituosos, bateria fraca, falta de pilha, apertar os botões errados ou estar desligada. Mas a descrença de algum observador não pode ser a causa.

CRESCIMENTO E PODER PESSOAL   23

O mesmo ocorre em relação à magia. Se for conduzida de forma adequada, ela será eficaz. Se a energia for canalizada pelo corpo, programada com propósito e projetada em direção ao objetivo com visualização e força apropriadas, será eficaz. Talvez não da noite para o dia. Podem ser necessárias muitas repetições do ritual mágico. Mas ele costuma funcionar se o mago souber como realizar o processo.

O problema da discrição na magia é a dúvida que infunde no próprio mago. Se ele acredita que falar sobre seus rituais para os outros diminuirá, de alguma forma, seu poder, é provável que isso ocorra, justamente por ele acreditar nisso. É parecido com ir dormir tarde uma noite, o tempo todo pensando "Eu sei que vou perder a hora amanhã e me atrasarei para o trabalho", e isso de fato acontecer. Trata-se de programação negativa, e ela possui notável eficiência.

A terceira razão muitas vezes atribuída à discrição na magia é o fato de ela ser uma tradição transmitida de tempos antigos, quando os magos eram aprisionados e acusados de heresia. Esta, pelo menos, é historicamente correta. Porém, hoje em dia, é improvável que falar de rituais para amigos próximos leve alguém à forca.

A discrição, portanto, não é uma parte fundamental da magia. E nem garantia de sucesso nela. Isso não significa que você deveria andar por aí usando um emblema verde escrito: "Fiz um ritual por dinheiro na noite passada!". Também não quer dizer que *deva* discutir suas práticas mágicas com outras pessoas, sobretudo se estiver trabalhando em assuntos muito pessoais.

Você com certeza pode desejar não comentar sobre seus rituais mágicos com os amigos que sabem de seus interesses, e até mesmo entre outros magos. Se for o caso, tenha certeza de seus motivos para optar pelo silêncio.

A discrição nos rituais de magia é uma superstição que não deveria ter espaço nas nossas vidas.

A Feiticeira: Uma Fábula de Esopo

A noite havia aquietado o mundo inteiro, silenciando as línguas de todas as criaturas. As árvores balançavam enquanto dormitavam acima dos arbustos adormecidos. A floresta estava silenciosa.

Uma feiticeira, uma mulher incomum versada nas temidas artes mágicas, entrou na floresta soturna. Fez um grande círculo, montou um tripé e queimou verbena perfumada enquanto entoava encantamentos ancestrais.

CRESCIMENTO E PODER PESSOAL 25

Suas palavras assustadoras ressoaram
pelo ar, acordando cada criatura, planta
e árvore em um raio de quilômetros.

A feiticeira soprou suas palavras místicas no ar,
perturbando o rebanho e as pessoas em lugares longínquos.
Os campos estremeceram.

Seu encantamento inflamado atraiu até mesmo os loucos
à floresta para assisti-la em sua jornada mágica.
Na luz sinistra, os espíritos daqueles há muito falecidos
apareceram diante da feiticeira como formas sombrias,
exigindo saber o motivo de terem sido despertados
de seu sono prolongado.

"Digam", ela falou, o rosto iluminado pelas chamas
triangulares da verbena ardente. "Digam onde
posso encontrar o que perdi: meu cachorrinho preferido!"

"Criatura imprudente!", gritaram os espíritos em uníssono.
"A ordem da natureza deve ser invertida e o sono de
todas as criaturas perturbado por causa de seu cachorrinho?"

Moral: Não desperdice grandes poderes com assuntos triviais!

A Tradição do Dinheiro

O dinheiro é uma ideia relativamente nova. No passado, quando a civilização tinha acabado de nascer, bens e serviços costumavam ser trocados: "Dois cestos de maçãs por dez jarras de leite". O dinheiro foi inventado como um meio de troca perfeito. Era compacto (muito mais fácil de carregar do que uma vaca) e podia ser usado para comprar quase qualquer coisa (contanto que o vendedor reconhecesse a moeda do comprador). O dinheiro logo se tornou uma convenção da existência humana. Ele também reúne sua cota de tradição e magia. Aqui estão algumas deliciosas "sabedorias antigas", tradições e feitiços sobre o dinheiro:

- Mantenha sempre pelo menos algumas moedas em casa quando for viajar ou sair de férias. Não fazer isso é um mau agouro.

- Se deixar cair dinheiro no chão de casa, diga: "Dinheiro no chão, dinheiro na mão". Pise nele e pegue-o; mais um tanto chegará até você.

- Encontrar dinheiro é sinônimo de sorte, mas ficar com ele é um convite ao azar. Gaste o mais rápido possível, e não conte a ninguém sua origem.

- Nunca saia de casa sem pelo menos uma moeda no bolso ou na bolsa. O melhor amuleto de todos é uma moeda curvada ou com um furo. Carregar uma assim funciona tanto para "sorte" quanto para proteção.

- Se precisar dobrar suas notas, dobre-as em sua direção, pois isso indica que o dinheiro virá até você. Dobrar o dinheiro para o lado oposto fará com que ele acabe rápido.

- Encontrar uma moeda cunhada no ano do seu nascimento é uma benção de prosperidade excepcional. Esse é o único tipo de "dinheiro achado" que deve ser mantido. Guarde-a como um amuleto e nunca a use.

- Antes da meia-noite no Ano Novo, deixe uma pequena quantidade de moedas de prata em algum lugar ao ar livre. Recolha na manhã seguinte, no primeiro dia do ano, e seus ganhos durante o ano serão maiores do que suas despesas.

- No dia do Ano Novo, esfregue-se com uma moeda de prata para ter dinheiro o ano todo.

- Para assegurar que você terá sempre dinheiro e amigos, amarre as pontas de um pedaço de barbante para formar um círculo e mantenha-o no bolso, na carteira ou na bolsa.

- Quando o mar estiver calmo, jogue uma moeda na água; os ventos inflarão as velas de imediato. (Na Inglaterra, sempre se usava uma moeda de meio xelim.)

- Segure uma moeda de prata, procure a primeira estrela que aparecer no crepúsculo e faça um pedido.

- Para garantir prosperidade, em noite de Lua Nova, inverta a face de uma moeda de prata que esteja em seu bolso ou na palma da mão.

- Sonhar com dinheiro por três noites seguidas indica que ele em breve chegará para quem sonhou.

- Contar seu dinheiro com muita frequência significa que ele em breve acabará.

- Esfregue uma pequena vela verde com cravo-da-índia em pó. Coloque-a em um castiçal sobre uma cédula de 2 reais (ou a quantia que quiser) nova. Em uma noite de quinta-feira, três horas após o pôr do sol, acenda a vela e deixe-a queimar até que acabe. No dia seguinte, enterre o que sobrou dela; esfregue a nota com o cravo-da-índia em pó e esconda-a em casa.

CRESCIMENTO E PODER PESSOAL 29

Magias de Proteção

Embora vivamos em uma sociedade altamente civilizada, há momentos em que é sábio nos protegermos: quando ouvimos um barulho em casa à noite, caminhamos em um trecho ermo da rua ou dirigimos em uma estrada movimentada. Em momentos como esses, rituais simples, rápidos e protetores podem acalmar nossa mente e fortalecer nossa armadura psíquica. Aqui estão alguns dos meus preferidos:

Na Cama
Quando se deitar à noite, visualize-se envolvido por completo em uma vestimenta de poder roxa brilhante através da qual nenhuma energia pode passar.

Quando Dirigir à Noite

Visualize um enorme pentagrama (estrela de cinco pontas) feito de uma brilhante luz branca. "Envolva" seu carro nela. Entoe qualquer encantamento protetor curto e rápido como o seguinte:

Proteção, proteção, proteção
Me envolva por fora
Me guarde agora
Do céu ao chão.

(Este encantamento pode ser usado
com outras formas de proteção.)

Ao Ar Livre, à Noite

Corrija a postura. Respire devagar. Visualize-se como um leão caçando na floresta, em busca de uma presa. Transmita a imagem irrefutável de que você não deve ser perturbado por ninguém.

Quando Alguém Tentar
Ler Seus Pensamentos

Se acredita que alguém está tentando ler seus pensamentos ou invadir sua mente de alguma outra forma, visualize sua cabeça recheada com um purê de batatas denso, para tornar essa invasão impossível.

Crianças

Quando as crianças saírem de casa, jogue um pouco de areia, sal, alpiste ou açúcar atrás delas enquanto diz:

Perigo, vá embora
Dê um sumiço!
Eu agora lanço
Esse feitiço!

Para Situações Diversas

- Prove sal ou jogue um pouco em volta de si em um círculo (carregar um pacotinho de sal de restaurante facilita essa ação).

- Mentalize uma esfera brilhante de energia sendo criada em volta de seu corpo. Fortaleça-a e acredite que ela de fato está lá. Energize-a para que seja sua defesa e proteção.

- Cruze os dedos (esse feitiço apela ao sol).

- Contraia os músculos e relaxe-os enquanto visualiza proteção. (Essa ação lança um poder protetor.)

- Olhe para alguma coisa branca (e invoque suas energias de proteção para você).

- Levante-se. (Você tem mais controle quando está em pé do que quando está sentado ou recostado.)

Apesar de não haver muitas oportunidades de usar essas informações, é sabedoria mágica ter pelo menos uma dessas técnicas memorizadas e prontas para uso imediato no caso de a necessidade surgir.

Nomes Mágicos

No momento da iniciação em um grupo místico, ou mesmo quando estão começando seus estudos e práticas com seriedade, muitos magos adotam um nome mágico. Essa tradição antiga é baseada no conceito de que um novo nome:

- Simboliza a nova personalidade mágica da pessoa

- Celebra a entrada dessa pessoa na Arte ou no grupo

- Muda a pessoa de forma sutil, alterando sua consciência para um alinhamento extra com a magia

Há muitos métodos para se escolher tais nomes, e as opções são bem variadas. Podem ser selecionados nomes de pessoas famosas, divindades e criaturas da mitologia mundial, assim como nomes de animais, plantas e flores.

Alguns magos baseiam-se na numerologia ou na divinação para escolher o nome mais adequado.

Uma vez adotado, o nome mágico torna-se uma conexão direta e poderosa com as práticas mágicas da pessoa. Portanto, é raro ser revelado aos não praticantes. (Um nome mágico "público" também pode ser adotado e compartilhado.)

Ao escolher um nome, em geral, muita pesquisa é necessária para assegurar que ele seja coerente com a personalidade da pessoa que irá usá-lo. Isso é de vital importância ao se recorrer a nomes tirados da história ou de religiões antigas.

A lista a seguir inclui alguns nomes mágicos comuns, do passado e do presente. (Embora divididos aqui por gênero, eles podem ser usados tanto por homens quanto por mulheres.)

Mulheres

Albina	Lucina
Almathea	Marian
Ariadne	Morgana
Aster	Nimue
Branwen	Pye
Bridget	Rhea
Covantina	Rhiannon
Dana	Selene
Diana	Senara
Elspeth	Taweret
Flora	Theos
Grammercie	Vivienne
Heather	
Isobel	

Homens

Andras	Llyr
Andro	Mansurin
Arthur	Math
Artisson	Myrrdyn
Belinus	Puck
Bran	Robin
Cyprian	Skylld
Dalan	Sylvanus
Dylan	Taliesin
Emrys	Tyr
Gwdion	Verdelet
Gwyn	Wayland
Helios	Wepwawet
Janara	

Tatuagem

A técnica de criar figuras permanentes no corpo humano inserindo tinta embaixo da pele é usada há bem mais do que 4 mil anos. Até mesmo algumas múmias egípcias exibem sinais desse método.

A palavra "tatuagem" vem de *tatua*, do idioma taitiano, e foi introduzida na Europa pelo Capitão Cook depois de sua visita ao Taiti, em 1769. Devido à sua ampla distribuição global e à variedade de razões culturais para seu uso, a prática de tatuar tornou-se um tema complexo.

O ato de tatuar era praticado antigamente na América do Norte, Peru, México, Grã-Bretanha, Grécia, Austrália, Nova Zelândia, Groenlândia, Índia, China, Japão, Taiti, Ilha de Páscoa, Havaí e por todo o Pacífico Sul.

Em alguns lugares, servia como um sinal de posição social, como no Havaí, onde os escravizados eram tatuados no rosto. Em outras regiões e épocas, era uma exigência para a iniciação religiosa (como uma provação), uma forma de medicamento ou uma prática em direta conexão com a magia.

Na atualidade, pessoas tem se tatuado como uma forma pitoresca de demonstrar desprezo (imagens de inimigos de guerra, por exemplo) ou pertencimento a sociedades secretas (e ilegais), tais como a Yakuza, no Japão, ou gangues de rua e de prisões nos Estados Unidos. A tatuagem também é vista hoje em dia como uma forma de autoexpressão sem relação com quaisquer outras questões.

As tatuagens, porém, também são magia. Podem ser consideradas amuletos permanentes (objetos desenhados para evitar o mal) ou talismãs (para atrair influências positivas) que seus portadores não têm como perder.

Aborígenes australianos tatuavam os antebraços para repelir bumerangues (usados como armas). As mulheres em Myanmar tatuavam uma imagem triangular nos lábios ou línguas para atrair amor, e mulheres ainus, do Japão Antigo, tatuavam-se durante as epidemias como proteção contra doenças.

Algumas mulheres do Oriente Médio são tatuadas com pontos em volta do umbigo no segundo ou terceiro dia da menstruação para garantir fertilidade. Figuras de águias são aplicadas na pele dos homens do Oriente Médio para proporcionar força.

A prática da tatuagem também esteve associada às religiões. Os indígenas da região dos planaltos próximos das Montanhas Rochosas, nos Estados Unidos, tatuavam símbolos de seus espíritos guardiões em seus rostos e corpos. Os sacerdotes eunucos de Átis, na antiga Frígia, eram tatuados com padrões de folhas de hera. Em certas partes da Índia, aqueles que morriam sem tatuagem não eram conduzidos ao mundo inferior depois da morte.

Tatuagens também foram consideradas remédios eficazes. Em Bengala, elas curavam o bócio. Os andamaneses as usavam para aliviar a dor de cabeça, dor de dente e reumatismo. Algumas pessoas no Japão tatuavam-se para reverter o processo de debilitação da visão; assim como no Egito, onde até bem recentemente, tatuagens de pequenos pássaros perto dos olhos eram consideradas excelentes para tal finalidade.

Por todo o Oriente Médio, homens e mulheres são tatuados com um desenho bem simples (um único ponto preto) perto de um machucado (tal como uma torção) para acelerar a cura.

Durante o século xx, poucos marinheiros não exibiam pelo menos uma tatuagem. Figuras específicas, como ferraduras, gatos pretos e trevos-de-quatro-folhas, eram consideradas amuletos eficazes contra afogamento (a ameaça sempre presente para quem vivia no mar), e infelizmente acreditava-se que uma tatuagem de qualquer desenho pudesse impedir que seu portador contraísse doenças sexualmente transmissíveis.

No mundo ocidental, as tatuagens passaram por períodos de tolerância e intolerância. Alguns clérigos pregavam que a Bíblia as proibia, mas grande parte dos tatuados (incluindo membros da realeza britânica) simplesmente não se importava.

Por muitos anos, a tatuagem foi associada a pessoas consideradas então à margem da sociedade (como marinheiros, prostitutas, músicos, motociclistas, membros de gangues e ladrões) e vista como uma forma exótica de arte. As conhecidas associações das tatuagens com a magia e a religião pré-cristã são em parte responsáveis por isso, assim como a famosa passagem bíblica proibindo seu uso ("Não fareis incisões no corpo por algum morto e não fareis nenhuma tatuagem. Eu sou Iaweh.", Levítico 19:28).

Contudo, para muitos, fazer uma tatuagem é uma experiência semiespiritual, que começa pelo desejo, segue pela seleção (ou criação) do desenho, e culmina no próprio processo. A escolha

CRESCIMENTO E PODER PESSOAL 37

de se tatuar pode ainda ser motivada como uma demonstração de poder sobre o corpo e a alma, e como manifestação da conquista de uma consciência espiritual superior.

O desconforto associado ao procedimento é defendido como uma parte importante e necessária do que muitos consideram ser um processo de iniciação. Em uma ilha do Pacífico, existe uma canção assim:

Pouca é a dor, grande a decoração.
Pouca, pouca é a dor, grande a decoração.

As tatuagens possuem diversos significados. Em suas formas mais antigas, entretanto, eram talismãs e amuletos mágicos que ajudavam os vivos e garantiam seu lugar no mundo inferior após a morte.

Dicas de Magia
para o Lar

- Queime olíbano ou sândalo uma vez por mês para renovar magicamente sua casa.

- Transforme uma caixa ou cesta em um "kit de ritual" básico. Coloque dentro uma pequena faca, um bastão (varinha), um cálice pequeno e uma pedra chata. Acrescente também uma vela branca curta e um castiçal, um frasco com um pouco de água filtrada, fósforos, um cone ou vareta de incenso e pacotinhos de pétalas de rosa, alecrim e sal. Com esse kit, você pode realizar rituais de todos os tipos em um piscar de olhos, sem precisar reunir os objetos necessários. Isso é bem útil nas emergências.

- Uma vez por mês, na noite anterior à Lua Nova, despeje um pouco de vinagre em cada ralo para purificar sua casa.

- Acrescente algumas gotas de óleo essencial puro de lavanda ou hissopo à água ao lavar peças de roupa usadas em rituais (como túnicas). Isso as limpa magicamente.

- Acenda velas de citronela durante os rituais noturnos ao ar livre para se proteger contra insetos voadores.

- Sempre coma depois dos rituais mágicos. Um copo de leite, um pedaço de pão, uma maçã; ingira alimentos para fazer sua consciência retornar a esse mundo.

- Cubra os detectores de fumaça (ou fique longe deles) quando realizar dentro de casa rituais de magia que envolvam muitas velas ou muito incenso.

- Para retirar cera de vela seca de toalhas usadas em altar, túnicas e até mesmo tapetes, estenda o tecido sujo em uma superfície lisa e cubra-o com um pedaço de tecido de algodão. Passe o ferro morno por cima e o algodão vai absorver a cera. (Cuidado: cera de vela vermelha, embora removível, cria manchas permanentes.)

- Guarde sobras de velas em recipientes separados dividindo-as por cor. Quando tiver uma grande quantidade de um tom, derreta em banho-maria e mergulhe pedaços de pavio na cera para criar novas velas.

- Queimaduras de velas, incenso, carvão, fósforo, incensários quentes e caldeirões podem ser curadas rapidamente com a aplicação de gel de babosa.

- Para renovar o ar antes dos rituais sem utilizar sprays sintéticos, pendure ramos de hortelã fresco, endro e outras plantas aromáticas perto do teto.

- Mantenha seus cadernos mágicos e textos secretos guardados em um armário trancado. Se isso não for possível, proteja-os de olhares curiosos colocando um pequeno frasco cheio de alfinetes e sal atrás deles na prateleira.

- Guarde os instrumentos utilizados assim que terminar de lançar um feitiço; nunca os deixe largados à toa.

Magia e Tecnologia

A bruxa entra em uma banheira de água perfumada. Ela fecha os olhos e relaxa com a melodia de flautas tocando em seu aparelho de som. Sombras das chamas de uma vela próxima dançam diante de suas pálpebras.

Após alguns minutos, ela se levanta, seca o corpo, desliza para dentro de um quimono de algodão branco, pendura um colar com um pentagrama cintilante em volta do pescoço e entra no quarto.

Do compartimento sob uma mesa de madeira ela tira uma pequena faca, um cálice de prata, um pote de sal, um incensário, cristais e frascos de ervas: os instrumentos mágicos.

Momentos depois, ela acende um fósforo e inicia seu ritual de magia natural, fazendo as energias dentro de si ecoarem com as das pedras e ervas reunidas sobre o altar, sem saber que cada objeto que tocou também recebeu o toque da tecnologia.

Resisti ao uso do computador por muitos anos. Achei que meus escritos de magia seriam prejudicados se eu usasse um instrumento tão tecnologicamente avançado. Distanciar-me ainda mais da caneta aparada à mão e do tinteiro significava que meus textos perderiam sua magia. Ou pelo menos assim eu achava.

As circunstâncias mudaram tudo isso. Meu pai me deu seu velho computador, e levei alguns dias para aprender a usá-lo. Insisti, e logo estava escrevendo como nunca. Nenhuma máquina de escrever que eu já havia usado conseguira acompanhar o ritmo de todas as palavras que saíam de minha mente. Meu pequeno Radio Shack TRS-80 quase conseguia, e logo mudei de ideia.

Como muitos magos naturais, diversas vezes lamentei o mau uso da tecnologia em nosso mundo. Não dela em si, mas de suas aplicações não evolucionárias. Quando criança, crescendo e lutando para entender os mecanismos da natureza e da magia, também precisei me familiarizar com os instrumentos mais recentes que nossa espécie estava produzindo. Conforme estudava e aprendia, entendi, com toda a sabedoria de um garoto de 15 anos, que a magia e a tecnologia nunca se mesclariam.

Como as coisas mudam. Quando me rendi ao uso do computador, percebi que uma máquina de escrever também é um produto da tecnologia como antes foi a tipografia móvel, a caneta-tinteiro, o lápis e até mesmo um bastão queimado de propósito para criar uma ponta de carvão para a escrita. Qualquer objeto alterado ou feito de forma deliberada por um ser humano, de uma vela a um ônibus espacial, representa tecnologia aplicada.

Fui forçado a rever minhas convicções. A tecnologia, em si, não é ruim. Ela fornece muitos dos instrumentos de magia, como incensários, espadas, facas, vestimentas, joias, cálices e caldeirões.

E é usada para processar outros itens mágicos como cortar ervas, modelar ou polir pedras, confeccionar varinhas. Inovações como scanners óticos, diagramação computadorizada e impressão em alta velocidade permitiram a milhões de leitores vorazes explorar vários métodos de magia popular.

A bruxa mítica que conhecemos no início deste artigo ignorava que a tecnologia atua em todos os aspectos da vida humana, não apenas nos caminhos do mundo material. Os muitos instrumentos que ela usou foram produzidos, fabricados.

Um homem barbudo, por volta dos 50 anos, ao decidir abandonar seu emprego como corretor para viver em um mosteiro no Tibet depende da tecnologia (nesse caso, um avião de alta velocidade) para chegar em seu retiro espiritual. Uma pessoa que busca uma vida alternativa junto à natureza e que lasca obsidiana para fazer uma faca também usou tecnologia.

Após a década de 1980, muitos magos aderiram à tecnologia a seu favor. Livros de feitiços pessoais, antes copiados à mão, em ambientes iluminados por velas, passaram a figurar nas novas mídias digitais. Além disso, o compartilhamento das informações sobre magia foi facilitado pelas possibilidades de distribuição das impressoras e pela ascensão da internet, que permitiu o contato com outros magos a quilômetros de distância.

Mas à medida que aderimos por completo à tecnologia, à medida que aproveitamos os benefícios inquestionáveis que ela nos oferece, é de vital importância nos lembrarmos de nossas raízes na Terra. A tecnologia pode ser tão fascinante que podemos nos esquecer de olhar além dela.

Toque suas músicas durante os rituais. Salve seus rituais e feitiços no computador. Use pedras polidas e ervas artificialmente secas. Mas tenha sempre em mente o que devemos fazer: mesclar nossas energias às da Terra e Seus tesouros para melhorar nossas vidas.

Até mesmo um fio de poliéster começou como um poço subterrâneo de petróleo bruto. Seu roupão de algodão já balançou em ventos quentes na América do Sul, no Egito, ou em algum outro lugar do mundo. O papel onde estas palavras estão impressas é um subproduto (um "resíduo") da indústria madeireira. Pense nas origens de seus instrumentos mágicos antes de usá-los. Descubra as energias da Terra ainda pulsando neles.

A magia como ferramenta de autotransformação nunca pode ser dissociada da tecnologia. Assim como é nossa responsabilidade assegurar que nossa magia nunca seja dissociada da Terra.

A prática de magia é um uso de tecnologia aplicada. Use-a com sabedoria.

Ciência e Magia

Magia é a utilização de energias naturais para provocar transformações positivas. A ciência constitui uma pesquisa cuidadosa da natureza, seus princípios e suas manifestações. Quando falamos em "ciência", estamos nos referindo àquele corpo de conhecimentos determinado por observação, investigação, análise crítica e sistematização, agrupado em princípios convenientes, e que é supostamente "exato", sem espaço para erro.

Por mais de quatrocentos anos, a "ciência" alegou que a magia não é eficaz, pois não pode ser estudada por métodos convencionais, e seus praticantes não operam a partir de quaisquer leis naturais conhecidas.

Isso não incomoda os magos, que continuam a usar sua arte para aprimorarem suas vidas. Mas até mesmo os cientistas admitem não saber tudo sobre nosso mundo. Se soubessem, o campo da pesquisa científica não existiria mais.

Muitos cientistas, entretanto, não reconhecem que operam sob um conceito de lei natural estreito demais para englobar a figura toda. Eles descobriram e avaliaram A, B, C, D e E, e pararam de procurar além. Enquanto isso, os magos estão usando F, G, H, I, J, K, L e M de forma ativa.

Muito do que outrora foi considerado sobrenatural foi investigado e adicionado ao corpo de crenças cientificamente "provadas", tais como magnetismo, psicologia, medicina, matemática, pensamento positivo e assim por diante. Ainda assim, em grande parte, a ciência não conseguiu avançar, permanecendo incapaz de se afastar de conceitos clássicos e adentrar o domínio das energias não físicas e seus efeitos.

No fim, entretanto, isso vai acontecer. A ciência sempre justifica e explica a magia, assim como os princípios subjacentes à prática.

Embora a busca por conhecimentos da maior parte dos cientistas esbarre na visão limitada e na total falta de troca de informações interdisciplinares, muitos deles estão hoje produzindo e testando teorias que tocam em pontos abordados no universo mágico. Com o tempo, eles poderão explicar, pelo menos na teoria, alguns dos "porquês" da magia.

Até esse dia, porém, os magos continuarão a praticar sua arte milenar, seguros na sabedoria de que ela é eficiente, e ignorando com legitimidade os brados "científicos" de protesto.

Muitos magos investigaram a magia na medida de sua capacidade. Eles também observaram seus efeitos, e construíram um corpo de conhecimento relacionado à sua prática. Experimentos (feitiços) têm sido replicados de forma satisfatória de tempos em tempos. Essa é uma das chaves para a entrada no conhecimento científico: a replicação bem-sucedida de experimentos ou ensaios que comprovem teorias implícitas, por mais incomuns que possam parecer.

CRESCIMENTO E PODER PESSOAL 47

Porém, a magia é muito mais etérea do que a divisão de células, o magnetismo ou a fotossíntese. Uma boa parte dela ocorre dentro do mago, portanto, não pode ser registrada de maneira adequada. Ainda não foram criados dispositivos com sensibilidade para medir as energias que operam na magia, e os efeitos do sucesso da prática mágica podem ser atribuídos a inúmeras outras causas.

Então a magia não pode ainda ser "cientificamente" comprovada. Contudo, a falha recai não na prática, mas na tecnologia arcaica e na relutância da comunidade científica em ir além de sua perspectiva restrita e contemplar o deslumbrante e *verdadeiro* mundo simplesmente fora de sua compreensão.

Instrução e
Magia Aplicada

O Professor de Magia

Originalmente, ela morava na última casa da parte mais afastada do vilarejo. Ou talvez ele tenha morado no alto de uma montanha. Ela podia ter sido uma mística errante; ele, um eremita, enclausurado em uma torre com uma vista de quilômetros de paisagem.

Eram pessoas especiais, vivendo à margem da sociedade, dotadas de "temperamento místico" (obrigado a Ray T. Malbrough, autor de *Charms, Spells & Formulas*, por esse termo) que os estimulava a buscar lugares solitários. Em seu isolamento, examinavam plantas, minerais, as estrelas e manuscritos arcanos. Todas as manhãs, os moradores do vilarejo e os agricultores iam às suas casas, levando legumes e galinhas, além de pedidos de rituais. Ao luar, os magos os realizavam, materializando as necessidades das pessoas.

Após muitos anos, um estudante apareceu, se mudou para lá e começou a aprender os segredos ancestrais. O mago se tornou então professor de magia. Observando e escutando, o aluno acabou colhendo os benefícios de uma vida de práticas solitárias.

Essa visão romântica dos antigos magos, e da maneira como treinavam seus sucessores, está viva no imaginário dos praticantes atuais. Ah, voltar àqueles velhos tempos e aprender com um professor de verdade! Viver uma vida mágica por inteiro, sem as amarras de um emprego, contas, impostos e outras distrações desnecessárias do nosso dia a dia!

A ideia é atraente, mas não é mais possível. Existimos em um mundo altamente tecnológico. Pode-se chegar aos lugares mais longínquos em poucos dias por meio de avião, automóvel, trem, cavalo ou a pé. As velhas maneiras, e os velhos magos, ainda estão presentes em países desagradavelmente considerados "subdesenvolvidos", mas mesmo eles podem ouvir o rádio à noite, votar e registrar seus carros. Os feitiços podem ser interrompidos pelo toque dos telefones, e dinheiro em geral substitui os alimentos que antes eram usados como pagamentos por seus serviços mágicos.

Mesmo assim, o sonho permanece. As pessoas ainda sentem que precisam de professores, aqueles indivíduos talentosos capazes de destilar os frutos de suas experiências e passá-los adiante. Os aspirantes leem livros e revistas, assistem a aulas e seminários. Se estiverem dispostos a gastar uma grande soma de dinheiro, passam um fim de semana com um especialista renomado para aprender sobre xamanismo, cura, cristais e muitos outros tópicos (em geral, na companhia de outros 100 ou 300 camaradas aspirantes).

Depois da enxurrada de aprendizado, após os cânticos serem memorizados e as anotações arquivadas, até mesmo logo em seguida ao aluno se tornar competente em magia, ele ou ela pode desejar mais: um místico itinerante com todo o conhecimento. Um eremita. Rituais ao luar ao lado de um mago indomável fechado na segurança de uma floresta intocada!

Isso só era possível nos tempos antigos, quando poucas pessoas se interessavam em atravessar o véu artificial criado pelas sociedades para separar os mundos físico e não físico. Havia poucos professores, mas também havia poucos alunos. Diferente de hoje, quando dezenas de milhares de pessoas desejam aprender magia e não há tutores suficientes para atender as necessidades de todos, principalmente em experiências de aprendizagem direta, cara a cara, individual.

Qual a resposta para os muitos milhares de aspirantes decepcionados?

Estude o que desejar, e aprenda bem sua matéria. Vasculhe livrarias e sebos por obras que cubram sua área de interesse. Frequente a biblioteca local. Leia tudo, mas leia com discernimento. Lembre-se, nem todos os livros são confiáveis.

Aplique esse aprendizado realizando rituais. Na prática, você vai aprender com os seus erros. Essas lições podem ser mais valiosas do que as recebidas através de um professor.

Mantenha registros. Se você não for um escritor recorrente, tome nota pelo menos dos fatos importantes que aprendeu em sua prática.

Vá à fonte. Uma vez por semana, uma vez por mês, ou uma vez por ano, deixe a civilização para trás e comungue com a natureza. Passe uma hora ou um fim de semana em uma caverna, em uma montanha, em um deserto. Sinta a energia arrebatadora da Terra e sua própria conexão com ela dentro de si. Saiba que, como mago, são essas energias que você utiliza para criar mudanças positivas. É sábio recarregar suas baterias físicas a intervalos regulares.

Por fim, *escute a natureza.* A natureza é a professora primordial: foi ela quem ensinou aos primeiros magos. Estude os movimentos das folhas e o comportamento dos animais. Escute o vento, o fluxo da água, os milhões de grãos de areia batendo uns nos outros. Assista ao nascer e ao pôr do sol. Sinta os ciclos da Terra pulsando dentro de você.

A natureza é a grande Senhora dos Segredos. Se quer ser ensinado, permita-se aprender. As lições estão por toda parte no mundo natural. Precisamos apenas recuperar a habilidade de ouvi-las e vê-las.

Continue sua busca por um professor, se sentir necessidade. Mas mesmo que encontre alguém, continue aprendendo sozinho.

Estude, aplique seu aprendizado, registre, vá à fonte e escute a natureza. Se você de fato pretende fazer da magia uma parte de sua vida, em determinado momento perceberá que já encontrou o professor que sempre quis.

E é você.

Palavras Mágicas: Um Pequeno Glossário

Ato de emanar energia positiva para uma pessoa, lugar ou coisa. Em geral, é uma prática espiritual ou religiosa.

A.E.C.: Antes da Era Comum; o equivalente não religioso a a.C.

Amaldiçoar: Movimento deliberado (e raro) de energias negativas que afetam uma pessoa, um lugar ou uma coisa.

Amuleto: Objeto magicamente poderoso que desvia energias específicas (em geral negativas). Pode ser carregado, usado ou colocado em um lugar próprio. Comparar com Talismã.

Ataque Psíquico: Ver Magia Ofensiva.

Beltane: Festival wiccano, realizado em 30 de abril no Hemisfério Norte e 31 de outubro no Hemisfério Sul, celebrando o desabrochar da fertilidade da Terra (e, para alguns wiccanos, o casamento da Deusa com o Deus).

Bruxaria: Ofício de bruxos e bruxas. Magia, em especial a que utiliza o poder pessoal em conjunto com as energias contidas em pedras, ervas, cores e outros objetos naturais. Embora tenha implicações espirituais, a bruxaria, de acordo com essa definição, não é uma religião. Entretanto, alguns seguidores da Wicca usam essa palavra para denominar sua prática.

Bruxo/a: Antigamente, um praticante europeu de magia popular pré-cristã, em particular a relacionada a ervas, cura, poços, rios e pedras. Alguém que praticava bruxaria. Mais tarde, o significado desse termo foi alterado de forma deliberada para denominar seres perigosos e insanos que praticavam magia ofensiva e ameaçavam o cristianismo. Essa definição posterior é falsa. (Alguns wiccanos também utilizam essa palavra para se descreverem.)

Carregar: Ver Energizar.

Consciência Psíquica: Ato de estar consciente em termos psíquicos, quando a mente psíquica e a mente consciente estão conectadas e trabalhando em harmonia.

Coven: Grupo coeso de wiccanos que se reúnem para realizar magia e rituais religiosos.

Divinação: Arte mágica de descobrir o desconhecido interpretando símbolos ou padrões aleatórios. Às vezes, chamada de forma equivocada de "previsão do futuro".

E.C.: Era Comum, o equivalente não religioso a d.C.

Elementos: Terra, fogo, água e ar. Essas quatro essências são os pilares do universo, e as fontes mágicas ancestrais de energia.

Energia: Termo geral para o poder ainda imensurável (mas real) que existe em todos os seres e objetos naturais, incluindo nosso próprio corpo. É usado em magia popular. Ver também Poder Pessoal.

Energizar: Ato de direcionar energia para dentro de um objeto.

Ervas: Praticamente qualquer planta usada na magia.

Feitiçaria: Uma alternativa para o termo magia popular.

Feitiço: Pilares da magia popular, os feitiços são simplesmente rituais de magia. Em geral não são religiosos e com frequência incluem encantamentos falados.

Imbolc: Festival wiccano celebrado no dia 1º ou 2 de fevereiro no Hemisfério Norte e 1º de agosto no Hemisfério Sul; celebra os primeiros sinais da primavera.

Litha: O Solstício do Verão, um festival wiccano e um momento tradicional para a magia.

Lughnasadh ou Lammas: Festival wiccano, celebrado no dia 1º de agosto no Hemisfério Norte e 2 de fevereiro no Hemisfério Sul, marcando a primeira colheita.

Mabon: Festival wiccano celebrado no Equinócio de outono, no dia 20 de março no Hemisfério Norte e 20 de setembro no Hemisfério Sul, marcando a segunda colheita.

Magia: Movimento natural (porém sutil) das energias para manifestar mudanças positivas e necessárias. Magia é o processo de "estimular" a energia, dando um propósito a ela (através da visualização), e liberá-la para gerar uma mudança. É uma prática natural (não sobrenatural).

Magia Ofensiva: O que destrói a vida; é inútil, tóxica, destrutiva ou maligna.

Magia popular: Prática da magia utilizando poder pessoal, em conjunto com instrumentos naturais, em contexto não religioso, para causar mudanças positivas.

Meditação: Reflexão e contemplação voltadas para o interior da pessoa que a pratica ou para o exterior (divindades ou natureza).

Mente Consciente: A parte racional, analítica e material de nossa consciência. Comparar com Mente Psíquica.

Mente Psíquica: O subconsciente ou inconsciente, onde recebemos os impulsos psíquicos. A mente psíquica trabalha quando dormimos, sonhamos e meditamos.

Ostara: Festival wiccano celebrado no Equinócio da Primavera, no dia 20 de setembro no Hemisfério Norte e 20 de março no Hemisfério Sul, celebrando a renovação da Terra.

Pagão: Do Latim *Paganus*, um "morador do campo" ou "camponês". Hoje é usado como termo geral para seguidores da Wicca e outras religiões politeístas ou que utilizam a magia. Os pagãos não são satanistas, perigosos nem maus.

Pentagrama: Estrela entrelaçada de cinco pontas (uma ponta no topo) que tem sido usada há milhares de anos como recurso de proteção. Hoje o pentagrama também é associado ao elemento terra e à Wicca. Não tem associações malignas.

Poder: Ver Energia e Poder Pessoal.

Poder Pessoal: Energia que sustenta nosso corpo. Primeiro a absorvemos de nossa mãe biológica dentro do útero e, depois, dos alimentos, da água, da lua e do sol, e de outros objetos naturais. Liberamos poder pessoal durante situações de estresse, exercícios, sexo, concepção e no ato de dar à luz. A magia costuma ser um direcionamento de poder pessoal para um objetivo específico.

Rito: Ver Ritual.

Ritual: Cerimônia. Uma forma específica de movimento, manipulação de objetos ou processos interiores planejados para gerar os efeitos desejados. Na magia, permite ao mago mover a energia na direção dos objetivos necessários. Um feitiço é um ritual de magia.

Runas: Figuras com desenhos palito, algumas remanescentes dos antigos alfabetos teutônicos; outras são pictogramas. Utilizadas com frequência em todas as formas de magia.

Sabá: Cada um dos festivais wiccanos.

Samhain: Festival wiccano, celebrado no dia 31 de outubro no Hemisfério Norte e 1º de maio no Hemisfério Sul, marcando a última colheita e as preparações para o inverno.

Sorte: A habilidade de um indivíduo de tomar decisões corretas e adequadas, de fazer o certo e de se colocar em situações positivas. A "má sorte" ou "azar" deriva de ignorância e uma recusa em aceitar autorresponsabilidade.

Talismã: Objeto ritualmente energizado com o poder de atrair uma força ou energia específica para quem o carrega. Comparar com Amuleto.

Visualização: Processo de formar imagens mentais. A visualização mágica consiste em, durante a magia, formar na mente imagens de objetivos necessários. É uma função da mente consciente.

Wicca: Religião pagã contemporânea com raízes espirituais nas expressões mais antigas de reverência à natureza como manifestação do divino. A Wicca considera como divindades a Deusa e o Deus; portanto, é politeísta. Também adota a prática da magia e acredita na reencarnação. Os festivais religiosos são realizados em comemoração à Lua Cheia e a outros fenômenos astronômicos (e da natureza). Não tem nenhuma associação com o satanismo.

Wiccano: De ou relacionado a Wicca.

Yule: Festival wiccano celebrado no Solstício de Inverno, no dia 21 ou 22 de dezembro no Hemisfério Norte e entre os dias 20 e 23 de junho no Hemisfério Sul, marcando o renascimento do sol.

Rituais Mágicos

A magia é uma velha amiga. É parte da experiência humana desde os primórdios. Por onde quer que nossos ancestrais perambulassem na antiguidade, levavam junto suas coisas mais importantes: pedras para fazer fogo, armas, ferramentas de cultivo, agulhas feitas de ossos... e magia.

Na atualidade, muitos veem a magia como fantasia: um processo impossível registrado apenas em contos de fadas empoeirados. Assim como quem nunca usou uma pederneira pode desconfiar de sua eficácia. Ao criar fogo, a magia também foi vista como uma atividade sobrenatural sem nenhuma raiz na realidade.

Todas essas dúvidas desaparecem em quem vivenciou a magia, pois ela é uma arte experimental. Quem a pratica conhece sua eficácia, pois colheu os benefícios dessa forma ancestral de transformação. A descrença logo se transforma em conhecimento. Só os não praticantes da magia conseguem duvidar de sua viabilidade.

Alguns alegam que a magia é sobrenatural, e que seu verdadeiro poder tem procedência maligna. Desse ponto de vista, essas pessoas também deveriam ver o nascimento dos bebês, a germinação de sementes, o pensamento positivo (a esperança), o amor, a consciência espiritual, o exercício, a passagem das estações e todos os outros aspectos da vida como sobrenaturais, pois os poderes operando nesses fenômenos são idênticos àqueles usados na magia.

Essa ideia nasce, por óbvio, em quem não se comunica com a Terra e Seus mistérios. Em uma era de artificialidade, na qual nos cercamos de criações humanas, mexer com a natureza pode parecer uma prática perigosa e maligna.

Entretanto, a *magia* é uma prática natural, e muitos de nós encontram tempo para explorar seus caminhos ocultos, descobrindo feitiços antigos e coletando paramentos mágicos. Uma vez que tenhamos tomado conhecimento das informações e adquirido os instrumentos, estaremos esquipados para utilizar os mistérios infinitos da magia para melhorar nossas vidas.

Embora haja muitas teorias a respeito da magia, há algumas linhas de pensamento comuns à maioria delas. São elas:

- A magia é eficaz porque é natural.

- A magia utiliza energias naturais (mas sutis).

- Essas energias derivam do praticante, da natureza e de certos objetos (incluindo velas, cores, pedras, ervas e símbolos).

- O mago reúne essas energias e as transforma
  através da visualização (o processo de criar
  imagens mentais da mudança necessária).

- O praticante então direciona essas energias (para uma
  pedra, um talismã, um rio, uma vela, uma erva, o vento, o
  mar, uma montanha ou caverna, um animal ou, quando
  se trata de cura, para uma pessoa) de forma que possam se
  manifestar. Ele também pode redirecioná-las de volta para
  si, para criar uma transformação pessoal mais imediata.

- Exceto em situações extraordinárias, as transformações
  criadas pela magia não vão se manifestar de
  forma instantânea. Um dia, uma semana ou um
  mês (dependendo da natureza do ritual) podem
  ser necessários para que o feitiço se realize.

Esse guia à lógica da magia sem dúvida é simples, mas é em grande parte aceito pela maior parte dos magos que já refletiram sobre o funcionamento interno dela.

Com séculos de orientações para terem em mente enquanto realizam seus rituais, apesar das ideias populares equivocadas, os magos em geral são do mais alto calibre moral. Algumas de suas regras incluem:

- A magia é usada em emergências ou como
  último recurso. Não é um atalho.

- A magia nunca é usada para manipular outra pessoa
  sem sua permissão (mesmo de maneiras "positivas").

- A magia nunca é usada para prejudicar nada nem ninguém,
  em lugar nenhum, em hora nenhuma, por qualquer motivo.

INSTRUÇÃO E MAGIA APLICADA 63

- O mago não aceita pagamento por trabalhos de magia (a não ser que viva em uma sociedade sem moeda corrente, quando alimentos podem ser aceitos em troca).

- A magia é uma ferramenta para o amor.

Tais orientações revelam que a magia está bem distante de ser uma arte maligna e antissocial. Ao contrário, seus praticantes utilizam o poder cuja principal fonte é a força vital do universo. Abusar dessa energia para atos destrutivos vai contra todos os princípios da magia. Os magos são os zeladores da Terra e de todas as Suas espécies.

O caminho da magia é a estrada menos trilhada. Muitos têm medo da responsabilidade que a sabedoria arcana traz. Outros temem a noite. Mas os que percorrem essa estrada e descobrem suas maravilhas sabem que não há nada a temer. Na verdade, o caminho brilha sob a Lua Cheia, e o que se encontra ao longo de seu trajeto tortuoso é amigável, reconfortante e útil.

A magia pode nunca mais gozar de sua antiga popularidade, pois o tempo alterou imensamente o mundo e tudo que há nele. Aqueles entre nós que continuam com as velhas tradições fazem isso por amor e esperança. *Nós* acendemos velas e queimamos incensos e pronunciamos palavras místicas nas encruzilhadas, seguros em nosso conhecimento e em preparo para um amanhã mais promissor.

Remédios das Mulheres Sábias

Nas áreas rurais hoje, e em todos os lugares no passado, os remédios caseiros eram usados para tratar uma variedade de males e doenças. Embora cada família conhecesse algumas curas ou tratamentos, muitos lugares tinham pelo menos uma mulher sábia que tratava queimaduras com encantamentos, distribuía poções medicinais e oferecia um ombro amigo.

Essas mulheres sábias eram tudo menos amadoras e, na verdade, em geral tinham mais habilidades do que os "médicos" que percorriam o interior de vez em quando. Elas conheciam os fundamentos de diagnóstico e tratamento, a psicologia, como realizar partos e diversas disciplinas relacionadas. Muitas das curas que elas descobriram foram depois aceitas e usadas por profissionais estabelecidos da medicina.

INSTRUÇÃO E MAGIA APLICADA **65**

Sem nenhuma ligação com convenções religiosas, essas mulheres sábias mesclavam de forma livre magia com medicina de forma a fortalecer a cura. Os remédios herbais eram misturados e aplicados com cuidado e com consciência de poder.

Alguns dos conhecimentos dessas sábias mulheres, tanto mágicos quanto medicinais, são apresentados a seguir. Usados juntos, eles com frequência proporcionavam a cura ou pelo menos alívio. (Isso se refere apenas aos primeiros socorros. Condições severas merecem a atenção de médicos ou outros profissionais de saúde).

Para Queimaduras Leves

Remédio: Mergulhe a área de imediato em água fria (não gelada).
Magia: Sopre três vezes na área, afirmando:

Três damas vieram do leste,
Uma com fogo, e duas com gelo.
Fora, fogo; dentro, gelo.

Para Resfriado

Remédio: Beba chá de gengibre. Coma um sanduíche feito com pão branco e cebolas cruas fatiadas.
Magia: Use uma joia ou amuleto de olho de tigre, granada, rubi e/ou cornalina.

Para Estancar um Sangramento

Remédio: Aplique flores de mil-folhas desidratadas, em pó ou picadas, em pequenos cortes (como aqueles causados por lâminas de barbear). Age como hemostático.
Magia: Faça um nó em um cordão vermelho. Outra opção é fincar a faca ou o outro objeto causador do sangramento bem fundo na terra.

Para Dor de Estômago

Remédio: Beba dois copos de chá de hortelã.
Magia: Coloque uma moeda de um centavo sobre o umbigo.

Para Aliviar Dor de Cabeça

Remédio: Chupe um limão azedo. Faça exercícios vigorosos. Cheire lavanda fresca. Não se deite.
Magia: Escreva "*Motter Fotter*" em um pedaço de papel e peça para quem está com a dor queimá-lo na companhia de três testemunhas.

Para Dor de Dente

Remédio: Aplique uma gota de óleo de cravo-da-índia no dente dolorido. (Vá ao dentista assim que possível.)
Magia: Diga "*Galbes, Galbat, Galdes, Galdat*" para a pessoa que está com dor. Ou tire a meia do pé esquerdo da pessoa, dobre-a transversalmente e coloque-a embaixo do travesseiro à noite.

INSTRUÇÃO E MAGIA APLICADA 67

Informações Lunares

Desde a antiguidade, a lua encanta quem anda debaixo dela. Os primeiros magos, que fizeram a maior parte do trabalho de catalogar o mundo natural (uma tarefa mais tarde adotada por cientistas), descobriram muitos objetos, lugares e criaturas relacionados de forma íntima com a lua. Tais conhecimentos foram registrados em livros de feitiços e manuais de magia.

Eis uma lista moderna dessas "informações lunares". Ela pode ser usada como um guia para criar e realizar rituais mágicos energizados pela lua.

Efeitos da Magia: Amor, paz, tranquilidade, sono, consciência psíquica, sonhos proféticos, cura, beleza, fertilidade, nascimento

Qualidades: Úmida, fértil, cuidadora, amorosa

Pessoas regidas: Mulheres, família, mães, crianças, marés, emoções humanas, jardinagem, cancerianos

Fases e Operações de Magia:
Crescente: Todas as operações positivas; inícios
Cheia: Todos os tipos de rituais
Minguante: Acabar com doenças, energias e hábitos nocivos

Cores: Branco, prateado, tons iridescentes

Instrumento mágico: O Cálice

Dia da Semana: Segunda-Feira

Número: 9 (ou 3)

Estação: Outono

Signo astrológico: Câncer

Deusas: Ártemis, Diana, Hécate, Hina, Ísis, Lucina, Selene

Deuses: Sin, Nanna

Nota musical: Si

Sentido: Paladar

Corpo: Estômago, peito

Atividades: Nadar, velejar, tomar banho, lavar, purificar, limpar, sonhar, sonhar acordado, fermentar, cuidar

Vestimentas: Roupas feitas de algodão ou seda, túnicas brancas, capas brancas, roupas de banho, joias de prata, anéis, colares e tiaras com a Lua Crescente, cintos brancos

Incenso: 1 parte de olíbano, ½ parte de sândalo, ¼ parte de mirra, ¼ parte de pétalas de rosas brancas, uma pitada de sementes de papoula

Ervas: Cânfora, endro, gardênia, jasmim, limão, erva-cidreira, alface, lírio, lótus, mirra, papoula, abóbora, sândalo, alga marinha, lírio d'água; plantas de flores brancas ou que florescem à noite

Perfumes: Sândalo, mirra, água de rosas

Madeiras: Sândalo, salgueiro

Pedras: Água-marinha, berilo, calcedônia, pedra da lua, pérola, selenita, cristal de quartzo

Metal: Prata

Símbolos: Meia-lua, espelhos, conchas do mar

Lugares regidos: Oceanos, praias, riachos, piscinas, lagoas, lagos, rios, fontes, beira-mar, poços, pântanos, canais, pousadas, cozinhas, fossos, casa, jardins, banheiras, quartos, chafarizes, cachoeiras, fazendas, navios no mar

Instrumentos musicais: Pratos, gongos, sistros, instrumentos metálicos ressonantes

Naipe de tarot: Copas

Alimentos: Coco, bolos em meia-lua, ovos, peixe, sorvete, limonada, mariscos, a maioria das sopas, pudim de baunilha, molhos brancos, iogurte

Bebidas: Limonada, leite, kefir, champagne, vinhos brancos

Animais: Babuíno, morcego, castor, gato, camaleão, galinha, moluscos, vaca, caranguejo, elefante, a maioria dos peixes, ganso, lebre, garça, cavalo, lontra, coruja, pantera, coelho, foca, tartaruga marinha, ovelha, camarão

Unhas e Magia

As unhas são regidas pela lua. Conforme a tradição, elas devem ser cortadas na Lua Nova (ou durante a Lua Crescente) em um signo fértil (Câncer, Escorpião, Peixes) para que fiquem mais fortes e compridas.

Começando pelo dedo mínimo da mão direita, corte e lixe uma unha de cada vez. Esse movimento em sentido horário segue o aparente caminho do sol pelo céu.

Aparar as unhas nos diferentes dias da semana causa influências mágicas distintas:

- **Segunda:** Cura, sonhos proféticos

- **Terça:** Discussões, conflitos

- **Quarta:** Sabedoria, viagem

- **Quinta:** Riqueza, abundância

- **Sexta:** Amor, amizades

- **Sábado:** Envelhecimento, doença

- **Domingo:** Saúde

Feitiços de Ampulheta

As ampulhetas já foram uma das principais ferramentas de marcação do tempo. Hoje são raras de encontrar; porém, devido à sua funcionalidade e à sua estrutura incomum, podem ser instrumentos mágicos úteis.

Os feitiços a seguir necessitam de uma ampulheta confeccionada em madeira de verdade (ou metal) e areia genuína. O ideal é que dure pelo menos uma hora. Mas se não for possível, uma ampulheta menor servirá.

Para que fique bem claro, a parte de cima da ampulheta (de onde a areia escorre) será denominada aqui de "bulbo emissor"; a parte de baixo é o "bulbo receptor".

O Primeiro Feitiço de Ampulheta
(Para viajar ao passado)

Sente-se de maneira confortável diante de uma mesa. Segure a ampulheta em sua mão dominante (com a qual você escreve) e relaxe. Respire de forma profunda, acalmando sua mente, seus pensamentos, suas ansiedades (se houver).

Vire a ampulheta e coloque-a sobre a mesa. Ela deve estar alta o bastante para que você possa olhar direto para a areia escorrendo e para o bulbo receptor. Observe a areia de forma fixa. Enquanto ela escorre de cima para baixo, permita-se viajar de volta no tempo. Sua mente desliza do presente para o passado.

Para facilitar, diga essas palavras ou algumas similares devagar e em voz baixa:

O tempo agora... O tempo passado...
O tempo corre... Para trás depressa...
Para trás... O tempo passado...
O tempo agora... É o tempo passado...

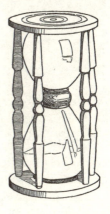

(Este é um método excelente para rever outras vidas, recuperar informações "perdidas", encontrar objetos fora do lugar e assim por diante.)

Deixe que o movimento da areia o leve de volta ao momento adequado. Saiba que você pode retornar ao presente a qualquer momento apenas falando: "O tempo agora!".

O Segundo Feitiço de Ampulheta
(Para canalizar energia para um objeto)

Crie uma figura ou desenhe uma runa que represente sua necessidade mágica. Coloque esse desenho (ou, se necessário, uma fotografia) em cima de uma mesa.

Segure o bulbo receptor cheio da ampulheta com sua mão dominante. Visualize sua necessidade e envie poder pessoal para a areia. Imagine-a brilhando e zumbindo com a energia.

Vire a ampulheta. Coloque-a sobre o desenho a ser energizado e saia do local. Deixe que a areia faça o seu trabalho. Enquanto escorre de cima para baixo na ampulheta, a energia enviada por você será canalizada para o desenho ou runa.

Repita o processo inteiro com o mesmo desenho mais duas vezes. Depois, enterre o desenho, queime-o ou apague-o com água para que as potentes energias nele contidas se liberem e deixem sua necessidade se manifestar.

Alguns Termos com a Palavra "Bruxa"

Árvore de Bruxa: Sorveira-brava (ou tramazeira, *Sorbus aucuparia*), usada há muito tempo para magia protetora.

Bolas de Bruxa: Esferas de vidro, em geral prateadas por dentro, que proporcionam superfícies refletivas redondas. Antigamente eram mantidas nas casas para afastar o mal e espanadas com cuidado para que não perdessem seus poderes de proteção. Também conhecidas como "globos de visualização"; nos tempos vitorianos eram penduradas nos jardins.

Cabelo de Bruxa: Em geral, ruivo ou ruivo-dourado. Já se acreditou que toda pessoa que tivesse essa cor de cabelo era bruxa.

Caça às Bruxas: Originalmente, a perseguição às "bruxas" (isto é, supostos hereges). Desde os anos 1950, um termo geral para perseguições concentradas, absurdas e preconceituosas por inimigos de todos os tipos, em particular no campo da política americana.

Caixas de Bruxas: Curiosas caixas de madeira, cheias de ervas de proteção e amuletos estranhos, com tampa de vidro. Eram vendidas por Matthew Hopkins e outros caçadores de bruxas como instrumentos para proteger contra os feitiços "malignos" delas. Deixar de comprar tal caixa levava à suspeita imediata e, possivelmente, à prisão e execução por bruxaria. Eram, portanto, bem populares. Essa extorsão profana permaneceu na Inglaterra por muitos anos.

Dedal de Bruxa: Planta denominada Trombeta (*Datura spp.*). Também conhecida como erva-do-diabo e erva-dos-mágicos.

Escada de Bruxa: Extensão de corda ou barbante amarrado em certos pontos. Penas ou ervas costumam ser amarradas entre os nós. Era usada tanto para abençoar quanto para amaldiçoar.

Familiares das Bruxas: Animais de estimação ou de companhia, que podem ou não emprestar suas energias para a magia.

Garrafas de Bruxa: Garrafas cheias de substâncias variadas e depois enterradas ou fervidas para destruir o poder de um suposto feiticeiro do mal.

Hamamélis (em inglês, literalmente, Avelã da Bruxa): Árvore nativo-americana (*Hamamelis virginiana*) há muito usada com objetivos medicinais. Não tem associação direta ou antiga com a magia.

Hora da Bruxaria (em inglês, Witching Hour): Da meia-noite à uma da manhã, uma hora tradicional para práticas mágicas.

Hora das Bruxas (em inglês, Witches' Hour): Uma suposta hora da noite marcada pelo voo alto dos morcegos e seu mergulho de volta à terra, durante a qual a magia seria mais eficaz.

Marca da Bruxa: Uma suposta mutilação, criada de forma artificial, que os caçadores de bruxas procuravam no corpo das acusadas, como prova de bruxaria. Na verdade, eram marcas de nascença e manchas normais. Como poucos corpos são perfeitos, muitas dessas marcas eram encontradas, mas não tinham nenhuma ligação com a bruxaria.

Médicos Bruxos (em inglês, Witch Doctors): Termo depreciativo ocidental para pessoas que preenchem papéis vitais na sociedade em muitas culturas não ocidentais. Podem ser xamãs, sacerdotisas ou sacerdotes, benzedeiros ou magos, psicólogos, até mesmo cientistas. O termo foi banido de todos os estudos etnológicos, antropológicos e sociológicos sérios.

Pé de Bruxa: Expressão alternativa para pentagrama.

Pedras de Bruxa: Pedras com uma perfuração natural, usadas com objetivos mágicos de proteção. Também conhecidas como "pedras furadas".

Poção de Bruxa: Poções e infusões mágicas feitas de plantas e água. Hoje a expressão é bastante usada para se referir a bebidas alcoólicas fortes.

Postes de Bruxas: Criados apenas em partes de Yorkshire e Lancashire, na Inglaterra. Em geral feitos de carvalho ou sorveira-brava, eram posicionados ao lado das lareiras para apoiarem a grande cobertura que coletava a fumaça e a conduzia para a chaminé. Esses postes eram magicamente energizados para proteger a lareira e a casa do mal.

Sangue de Bruxa: Conceito criado durante as perseguições aos hereges de que a bruxaria seria um legado de família e que os descendentes de bruxas também seriam bruxas. Essa teoria conveniente levou ao massacre de famílias inocentes.

A Árvore de Yule

A Árvore de Yule, antes um símbolo pagão de renascimento homenageado no Solstício de Inverno, hoje é bastante ligada ao feriado cristão contemporâneo que acontece na mesma época no Hemisfério Norte. Contudo, o hábito curioso de levar uma árvore para dentro de casa, decorá-la e prestigiá-la durante o mês de dezembro nunca perdeu suas origens pagãs, e nunca perderá.

Existem muitas histórias sobre como e por que esse hábito se originou. Digamos apenas que a Árvore de Yule é uma sobrevivente de tempos antigos, quando povos pagãos, sofrendo com o inverno, veneravam um pinheiro ou um abeto vivos como um símbolo da contínua fertilidade da Terra. Em outras palavras, a Árvore de Yule representa as sementes escondidas que logo, com a chegada da primavera, vão rebentar e crescer em abundância, destruindo o fantasma do inverno e iniciando outro ciclo de fertilidade.

Na magia, o pinheiro (ou o abeto) é usado por suas energias purificadoras. Trazer um deles para dentro de casa durante o mês enclausurado de dezembro é um método excelente para revigorá-la magicamente.

Embora muitas práticas cristãs tenham sido acrescentadas a essa tradição, a verdadeira essência dos ritos das Árvores de Yule é bem mais antiga e atrelada à Terra e à magia. Aqui estão alguns desses ritos.

A Árvore em Si

Se escolher uma árvore cortada, tenha em mente que ela deu a vida para a sua celebração. Se escolher uma viva, saiba que ela não deve ser mantida dentro de casa por mais de duas semanas (em áreas de clima quente) e deve ser posicionada perto de uma janela para receber um pouco da luz solar.

A Consagração

Depois de levá-la para a sua casa e colocá-la no lugar, estenda as palmas das mãos em direção à árvore e entre em contato com ela. Sinta suas energias vitais ainda pulsando. (Se for uma árvore cortada, agradeça a ela pelo sacrifício.)

Diga essas palavras ou outras de propósito similar:

Ó, forte, nobre e perfumado pinheiro,
Que vibrava sob os céus de outrora:
Brilhe e reluza em minha (nossa) casa agora
Lembre-me (lembre-nos) de sua fértil terra
Que, muito embaixo da neve, vive ainda.

Os Enfeites

Todo ano, uma grande variedade de decorações para a Árvore de Yule é disponibilizada. Originalmente, maçãs, peras, nozes e outras frutas e castanhas eram penduradas nos galhos, como homenagem à ocasião: o renascimento do Deus Sol no Solstício de Inverno.

As bolas brilhantes de vidro são representações desses enfeites vegetais de antigamente, e podem ser usadas, assim como frutas frescas. As maçãs podem ser penduradas pelo cabo, e pequenas laranjas e tangerinas podem ser apoiadas nos galhos. Enfeites de vidro soprado com formatos de cachos de uva, pinhas com neve e outras formas naturais são bem comuns, e são bons substitutos para as frutas de verdade. Guirlandas de *cranberries* e pipoca, claro, também podem ser confeccionadas e utilizadas.

Evite o uso de enfeites de plástico na árvore.

As luzes são o equivalente moderno (e mais seguro) das velas que antes ficavam pousadas nos galhos mais resistentes. Elas representam o brilho do sol, e podem com certeza ser utilizadas se desejado.

Decore a árvore como preferir. Quando terminar, distancie-se e a admire pelo seu simbolismo e suas energias reais.

O período final da Árvore de Yule

Pela tradição, todos os enfeites de Yule são recolhidos até o dia 1º de fevereiro. Entretanto, em geral a árvore é desmontada bem antes dessa data. Ainda assim, após o Solstício de Inverno, uma Árvore de Yule cortada costuma já estar seca, mesmo que você a tenha colocado na água. (Se tiver usado uma árvore viva, retire as decorações para devolvê-la à sua aparência normal. Mantenha-a do lado de dentro, deixe-a na varanda ou leve-a para o ar livre. Cuide dela de forma adequada e poderá usá-la de novo no Yule seguinte.) A força vital da árvore vai definhando ao mesmo tempo em que o sol fica mais forte e glorioso.

Depois que a decoração for removida, pegue uma tigela pequena. Com delicadeza retire algumas agulhas secas da árvore e coloque nela. Quando tiver juntado alguns punhados, segure o pote com as duas mãos diante da árvore. Diga essas palavras ou similares:

Eu agradeço a sua presença. Continue a brilhar em minha vida.

Erga a tigela na direção do topo da árvore, espere um segundo, e movimente-a em sentido horário abarcando a árvore por inteiro: começando pelo topo, descendo pelo lado direito, para o tronco, subindo pelo lado esquerdo e terminando no topo de novo.

Enquanto movimenta a tigela, sinta as energias fugazes fluindo de cada galho para ela. Transfira esses poderes para as agulhas que você colheu.

Guarde as agulhas em um pote hermético. Em seguida, leve a árvore para um centro de reciclagem (se houver um em sua região), use-a como lenha (para que possa, mais uma vez, simbolizar a energia do sol) ou use como cobertura no jardim (para que possa contribuir de forma direta com a fertilidade da Terra).

Valorize as agulhas recolhidas. Durante o inverno, sempre que o tempo ficar muito ruim, ou quando sentir a necessidade de revigorar-se, destampe o pote e sinta seu cheiro, um aroma doce de pinho. Aceite as energias de sua Árvore de Yule até que o sol, cada vez mais presente, derreta a prisão gelada da Terra, estimulando o renascimento da fertilidade verde-esmeralda.

Anos de busca resultaram em uma coleção de obras consagradas pelo tempo. A biblioteca de referência de um mago é, sem dúvida, uma ferramenta mágica valiosa.

Grande parte dos magos tem suas próprias fontes de informação mais estimadas, os livros que despertaram sua imaginação quando procuravam ou elaboravam rituais novos, ou alteravam os antigos. Embora cada praticante de magia tenha seus preferidos, pensei em apresentar a vocês alguns dos meus.

Muitos desses livros não são textos de magia, mas ainda assim contêm muito material dessa natureza. Há anos descobri que as melhores informações "mágicas" são encontradas em livros de superstição e folclore, pois esses dois tópicos tratam com exclusividade de magia do passado.

Alguns desses livros estão fora de catálogo e são bem difíceis de encontrar, mas a maioria deles foi publicada a partir da década de 1950, e muitos talvez estejam disponíveis em novas edições. Procure por eles em sebos ou bibliotecas.

E acima de tudo, valorize esses livros pelo conhecimento contido neles.

Budge, E. A. Wallis. *Amulets and Talismans.* New Hyde Park: University Books, 1968. (Uma coleção monumental de objetos mágicos e suas utilidades, de todas as partes do mundo ao longo da história.)

Cirlot, J. E. *Dicionário de Símbolos.* São Paulo: Editora Centauro, 2005. (Um olhar fascinante e global sobre o significado de símbolos, incluindo plantas, animais, pássaros, criaturas naturais e muito mais.)

Elworthy, Fredrick Thomas. *The Evil Eye: The Origins and Practices of Superstition.* New York: Julian Press, 1958. (Publicado originalmente em 1895, essa é uma coleção maravilhosa de rituais de magia popular: tudo, de pregos mágicos e gestos ritualísticos a amuletos e outros aparatos de proteção.)

Fielding, William J. *Estranhas Superstições e Práticas de Magia*. São Paulo: Editora Assunção. (Apesar do título sensacionalista, é um excelente guia da magia natural. Seus tópicos incluem anéis, pedras, fertilidade, cura, amor e casamento, proteção e muito mais.)

Frazer, James. *O Ramo de Ouro*. Rio de Janeiro: Zahar, 1982. (Muita magia está escondida entre as densas páginas desse livro, que é composto de partes selecionadas do trabalho original de 13 volumes. A paciência para ler esse livro será recompensada com uma gama fantástica de técnicas de magia.)

Kitteridge, George Lyman. *Witchcraft in Old and New England*. New York: Russel and Russel, 1956. (Feitiços de amor, magia figurativa, rituais com ervas, divinação e métodos para encontrar bens valiosos, selecionados de registros de julgamentos autênticos.)

Leland, Charles Godfrey. *Etruscan Magic and Occult Remedies*. New Hyde Park: University Books, 1963. (Uma coleção de feitiços romanos e etruscos, encantamentos, divinação, amuletos e outras maravilhas. Originalmente publicado no final da década de 1890.)

Leland, Charles Godfrey. *Magia Cigana. Encantamentos, Ervas Mágicas e Adivinhação*. Rio de Janeiro: Editora Bertrand, 2001. (Originalmente publicado em 1891, é uma mina de ouro de encantos e feitiços ciganos.)

Opie, Iona e Moira Tatem. *A Dictionary of Superstitions*. New York: Oxford University Press, 1989. (Um clássico instantâneo, essa obra acadêmica registra muitas práticas de magia, incluindo aquelas relacionadas à lua, aos ovos, aos gatos, aos espelhos e muito, muito mais.)

Radford, Edwin e Mona A. Radford. *Encyclopedia of Superstitions*. New York: Philosophical Library, 1949. (Uma coleção de práticas de magia e superstições britânicas e europeias.)

Randolph, Vance. *Ozark Superstitions*. New York: Columbia University Press, 1947. (Feitiços de amor, fantasmas, divinação, rituais de cura e mais, tudo coletado de informantes do Missouri e do Arkansas.)

Thompson, C. J. S. *Mistérios e Segredos da Magia*. São Paulo: Manus Gloriae Editora, 2022. (Uma coleção impressionante de prática e história da magia. Os capítulos abordam anéis mágicos, perfumes ritualísticos, cristais de quartzo, números, unguentos, e assim por diante.)

O Esplendor da Feitiçaria

Os feitiços (rituais simples de magia) já foram do domínio de todos. Cada família valorizava e preservava certos amuletos, compostos e remédios mágicos que se provaram eficazes ao longo dos séculos. Tais feitiços de família muitas vezes eram escritos em livros pequenos, com capa de couro, e guardados longe dos olhos de estranhos.

Para realizar tais feitiços, não havia necessidade de iniciações secretas, nem de ingredientes nojentos. Os instrumentos eram aqueles que existiam em qualquer casa: velas, ervas, tachos e panelas, espelhos, barbante e tecido. Rimas curtas ou séries de palavras "místicas" eram outra ferramenta importante.

Embora um ou outro feitiço maléfico pudesse ser incluído, a maioria desses rituais eram voltados a assegurar amor, proteger a casa e seus bens, garantir comida (ou sua contrapartida moderna, dinheiro) e curar toda sorte de doenças tanto das pessoas quanto dos animais.

Feitiços caseiros para estancar hemorragias, prever o sexo de bebês, garantir o sucesso do preparo de manteiga, abençoar os campos para uma boa colheita, proteger os equipamentos da fazenda: esses eram alguns dos rituais registrados nos livros de magia das famílias.

Muitos desses feitiços antigos hoje se encontram reunidos e publicados em livros sobre folclore, crenças populares e magia. Ainda assim, centenas de outros ainda são mantidos na privacidade das famílias e nunca serão revelados a ninguém que não seja parente de sangue.

Se você infelizmente não teve acesso a um desses livros de magia, está diante da oportunidade de criar um para sua própria família. Comece esse processo mágico em uma noite de Lua Cheia, quando energias potentes estão operando na Terra.

Escolha um caderno pequeno sem pautas. Acenda uma vela branca. À luz da chama, desenhe um pentagrama (uma estrela de cinco pontas, com uma ponta para cima) na primeira página.

Nela, abaixo do pentagrama, acrescente a data da criação do livro, seu nome comum ou seu nome mágico, a fase da lua e quaisquer outras informações que considere necessário incluir.

Segure o livro diante da vela (ou da lua, se ela estiver visível) e diga essas palavras ou outras similares:

Ó estrelas, Ó sol,
Ó lua tão brilhante,
Abençoem agora este livro
Que comecei neste instante.

Depois erga o livro na direção do norte, do leste, do sul e do oeste.

Copie pelo menos um feitiço nele na noite em que for criado. Nos meses e anos seguintes, você vai descobrir feitiços novos, ou outras pessoas vão compartilhá-los com você. Copie-os com fidelidade no livro. Crie um tipo de código para que você possa registrar se eles funcionaram. De preferência, não anote no livro nenhum que não tenha se provado eficiente.

Mantenha o livro enrolado em um pano branco, protegido por ervas que evitem traças (como losna, alecrim e cedro) ou, melhor ainda, trancado em uma caixa de cedro.

Um livro de magia como esse pode se tornar uma preciosa relíquia de família, pois revela a natureza mágica e espiritual das pessoas que o criaram; e, com sua sabedoria, o caminho da vida pode ser suavizado.

Seu livro de magia é uma ferramenta importante no esplendor da feitiçaria.

Ervas e Alimentos

A Despensa Mágica

Aqueles de nós ligados a antigos costumes têm o hábito de reservar um lugar especial para guardar suprimentos e instrumentos ritualísticos. Esse lugar, a "despensa mágica", é uma parte indispensável da prática de magia natural.

Os românticos podem escolher um armário entalhado com primor e projetado em especial para esse propósito. A madeira pode ser carvalho, com características mágicas de proteção, encerada à mão e com um acabamento natural. Ao longo de sua superfície podemos entalhar luas crescentes, símbolos planetários, dragões e runas. Esse armário em geral fica em um lugar de honra, longe de olhos curiosos. Seu topo plano pode até servir como superfície de trabalho para a magia, a área física onde as energias não físicas são postas em movimento.

Entretanto, uma despensa mágica costuma ser apenas um objeto qualquer onde os instrumentos utilizados na prática de magia são guardados. Pode ser um baú, uma grande caixa de madeira, um armário ou até uma gaveta. Qualquer objeto grande o bastante para conter os itens necessários está ótimo.

Para os não praticantes de magia, uma despensa consiste em prateleiras de mantimentos, farinha, mel e outros itens essenciais para cozinhar. Uma despensa cheia é garantia de alimento no futuro.

Entre os praticantes de magia, uma despensa mágica é um recurso vital para a realização de rituais atemporais. É um lugar de poder armazenado. É uma garantia de que objetos que podem ser necessários no futuro estarão ali, em um lugar específico, prontos para serem usados.

Talvez você deseje criar sua própria despensa mágica. É um processo simples. Primeiro, selecione um recipiente adequado (tais como os mencionados acima). Retire qualquer objeto que esteja ocupando espaço e encontre novos locais para eles. O ideal é que a despensa mágica seja usada apenas para acomodar os utensílios dos rituais, assim como os itens consumíveis de nossa arte.

Encha uma tigela com água mineral. Adicione uma colher de chá de sal sem iodo. Molhe uma esponja vegetal na água salgada, esprema-a para retirar o excesso de água e lave o recipiente. Use a esponja úmida para limpar com delicadeza todas as superfícies pintadas ou envernizadas, molhando-a sempre que necessário. Durante o processo, sinta as energias se dissolvendo na água salgada. Sinta o recipiente sendo renovado, preparado, limpo.

Em uma tigela pequena e seca, misture os seguintes ingredientes:

1 colher de chá de alecrim
1 colher de chá de olíbano
1 colher de chá de sândalo
1 colher de chá de sálvia
1 colher de chá de canela

Misture bem com as mãos.

Em seguida, acenda um tablete de carvão para incenso (não aqueles cubos usados para acender churrasqueira!) e apoie em um incensário. Polvilhe uma pitada do incenso misturado no carvão e deixe que ele queime dentro de sua futura despensa mágica até que pare de soltar fumaça. Acrescente mais da mistura ao carvão e defume o recipiente por pelo menos treze minutos. (Se você não tiver tabletes de carvão, acenda uma vareta de incenso de sândalo de qualidade, finque a ponta que não queima dentro de uma tigela com areia e deixe o recipiente ser defumado até que a vareta termine de queimar.)

Remova o incensário e deixe-o de lado. Sua despensa mágica está agora pronta para receber seus novos ocupantes.

Antes de abastecer suas prateleiras, coloque alguns objetos em sua despensa mágica. Esses itens nunca serão usados para rituais. A função deles é guardar e proteger seus utensílios. São eles:

Espelho pequeno. Pode se`r redondo ou quadrado. Cole-o em uma das paredes dentro da despensa. Ao fixá-lo, visualize sua superfície refletindo qualquer negatividade enviada para lá.

Saquinho de sal pequeno. Junte duas colheres de sopa de sal sem iodo sobre um tecido branco e amarre com um barbante branco. Segure o pacotinho fechado nas mãos, enviando a ele energias purificadoras. Mantenha-o na despensa mágica. O sal serve para proteção e para garantir que suas operações mágicas sejam aterradas, bem-sucedidas e positivas em suas manifestações.

Frasco de água. Coloque três grãos inteiros de pimenta no frasco, afirmando:

Pimenta para o poder.

Acrescente cinco pétalas de rosa desidratadas, dizendo:

Rosas para o amor.

Com cuidado empurre sete alfinetes para dentro do frasco com essas palavras:

Alfinetes para a proteção.

Depois, acrescente nove pedaços de linha ao frasco, cada um de uma das seguintes cores: branca, preta, rosa, vermelha, laranja, amarela, verde, azul e roxa. Diga:

Linhas para a manifestação.

Tampe bem o frasco e mantenha-o em sua despensa mágica. Feito isso, é hora de começar a abastecer. O conteúdo de sua despensa mágica vai, é claro, variar de acordo com seus interesses e suas práticas. Se trabalhar com herbologia, terá muitas ervas. Aqui estão alguns itens básicos importantes para quase todos os praticantes de magia natural.

Instrumentos

Incensário. Pode ser de qualquer tipo.

Faca. É tradicionalmente usada para colher ervas e plantas utilizadas na magia e para todos os propósitos de corte. Alguns praticantes de magia privilegiam a prata por ser um metal que conduz energia, mas escolha uma com a lâmina afiada para facilitar o uso. (Essa faca nunca é usada para sacrifícios!)

Tigelas pequenas. Você vai precisar de pelo menos três tigelas pequenas. Elas são usadas para misturar ervas (como o incenso mencionado acima), para receber objetos variados e para outros propósitos. Se encontrar uma tigela de cerâmica com revestimento preto por dentro e por fora, ela poderá ser usada para despertar a consciência psíquica. Encha de água e, à luz de velas, observe suas profundezas de forma fixa até descobrir o que deseja.

Cálice ou taça. É útil para brindar a divindades variadas (se sua magia for espiritualmente orientada). Canecas de cerâmica ou xícaras de louça são usadas somente com a finalidade de beber chás de ervas ritualísticos (tais como milefólio para amor; hortelã-pimenta para purificação; rosa para consciência psíquica).

Cartas de tarot, **pedras de runas**, **varetas de caule de milefólio** e outros instrumentos para divinação.

Seu caderno de magia, contendo o registro de rituais importantes e trechos de sabedoria antiga, assim como feitiços que foram desenvolvidos e receitas de óleos, incensos, banhos e outras misturas de ervas. Sendo o livro mais valioso que você pode possuir, seu caderno de magia deve ser guardado nesse lugar especial.

Castiçais. Devem ser de vidro, cristal, cerâmica, pedra ou metal. É melhor limpá-los entre os usos. Mergulhe-os em uma tigela de água morna até que a cera tenha amolecido e possa ser removida. Esfregue com um pano para completar a limpeza.

Frascos de vidro de formatos e tamanhos variados. Potes de conserva ou de boticário são ideais. Compre em importadoras e lojas de culinária, ou reaproveite os vidros de conserva conforme esvaziá-los. Lave, esterilize e guarde na despensa mágica até precisar deles.

ERVAS E ALIMENTOS 95

Suprimentos

Ervas. Uma boa seleção para abarcar a maioria das necessidades deve incluir alecrim, sálvia, cravo-da-índia, canela, olíbano, sândalo, manjericão, milefólio, louro, tomilho e patchuli. Seu estoque vai crescer. Quando os potes esvaziarem, encha-os de novo. Use etiquetas para identificar com clareza o conteúdo deles.

Velas. Quer você use velas votivas, cônicas ou de sete dias (em recipientes de vidro), tenha sempre todo o espectro de cores: branco, amarelo, laranja, rosa, vermelho, azul, verde e roxo.

Pedras. Mantenha seixos lisos pela ação da água dos rios (que podem ser marcados com símbolos mágicos e são fáceis de carregar) ou pedras semipreciosas tais como ametista, olho de tigre, cornalina, quartzo rosa, aventurina, pedra da lua ou água-marinha.

Óleos. Você vai precisar de óleos essenciais puros, tais como sândalo, lavanda, pimenta-do-reino, alecrim, ilangue-ilangue, gerânio, olíbano, benjoim, musgo de carvalho e outros. Além de óleos carreadores para usar como base nas sinergias mágicas, como damasco, avelãs, semente de uva, jojoba, azeite, girassol e amêndoas.

Tecido. Fibras naturais (o algodão é sempre seguro) em um arco-íris de cores são usadas para acondicionar punhados de pedras e misturas de ervas.

Linha (algodão) ou fio (lã). Use na magia de nós ou para amarrar amuletos.

Sal. Prefira sal marinho. É imprescindível para usar em rituais de proteção, prosperidade e purificação.

Discos de carvão. Vendidos em lojas de artigos religiosos e esotéricos, são necessários para queimar incenso granulado. Ou...

Varetas de incenso. Compre somente o melhor que encontrar. Tenha sempre olíbano e sândalo em estoque.

Outros objetos com certeza podem ser incluídos em sua despensa mágica. Algumas pessoas guardam garrafas de água da chuva, coletada durante uma tempestade intensa, para utilização em feitiços; uma caixa de joias ritualísticas usadas somente para objetivos de magia; sinos; uma esfera de cristal, envolvida em tecido e preservada contra danos em uma pequena caixa de madeira; e outros acessórios para rituais. E não se esqueça dos fósforos para acender as velas e os incensos. Pequenas caixas de fósforos de madeira são ideais.

Uma vez que você tenha preparado e abastecido sua despensa mágica, ela vai se tornar uma aliada preciosa, um armazém de poder disponível para uso. Nunca mais você vai revirar caixas e gavetas intermináveis atrás daquele item que não sabe onde guardou. Tudo vai estar no lugar certo.

Mantenha nela uma aparência de ordem. Guarde as ervas com as ervas, as pedras com as pedras (talvez dentro de saquinhos de tecido e etiquetadas). As velas devem ficar deitadas ou penduradas pelos pavios em uma prateleira com ganchos para que não se deformem ou entortem.

Mantenha os itens que mais usa na prateleira de cima ou no lugar mais conveniente. Cuide de sua despensa mágica com atenção especial e ela retribuirá o cuidado em sua jornada na magia.

Chás de Ervas Ritualísticos

Uma xícara de chá perfumado, uma vela e um momento de solidão podem ser especialmente relaxantes. Também podem criar uma excelente oportunidade para lançar um feitiço voltado para a própria pessoa, pois os chás são maneiras deliciosas de usarmos os poderes inerentes das ervas.

Ervas magicamente potentes liberam suas energias na água quando estão em infusão. Quando as escolhemos com cuidado de acordo com seus poderes, preparamos a infusão com um ritual e bebemos com intenção, a mais simples xícara de chá pode ser um acessório poderoso para outras formas de lançar feitiços.

Para melhores resultados, siga essas orientações:

- Use cerca de uma colher de sopa de ervas secas (ou mistura de ervas) por xícara. Beba esses chás com moderação.

- Use água mineral pura se possível.

- Energize o chá antes do preparo tocando na erva (ou nas ervas) e visualizando sua necessidade. Cânticos curtos também são apropriados.

- Aqueça a xícara (ou o bule) com água quente antes de despejar a água fervendo.

- Despeje a água fervendo sobre a erva na xícara (ou no bule). Cubra e deixe a infusão descansar até que a água tenha liberado as energias das ervas.

- Deixe esfriar um pouco, adoce com mel (se desejar) e aproveite.

Bom chá!

Chás de Ervas e Suas Energias Mágicas

Alfafa: Purificação

Camomila: Amor

Capim-limão e rosas: Consciência psíquica (saborize com uma pitada de canela)

Erva-dos-gatos: Paz (aromatize com hortelã)

Erva-cidreira: Saúde

Flor de sabugueiro: Proteção

Gengibre: Proteção (coloque algumas fatias de raiz de gengibre fresco em uma xícara de água fervente)

Hibisco (Jamaica): Consciência psíquica (beba frio)

Hortelã-pimenta: Purificação

Hortelã-pimenta, hortelã e tomilho: Saúde

Raiz de alcaçuz: Amor e sexo (ferva a raiz de alcaçuz)

Rosa mosqueta e hibisco: Amor

Sálvia: Vida longa (adoce com mel)

Uma Sopa Mágica para Cura

Quando você ou um membro da família estiver se sentindo mal, junte três talos de cebolinhas, uma cebola roxa, três folhas de louro, um dente de alho e sal. Coloque uma panela com água de nascente (ou mineral) no fogo para aquecer.

Enquanto a água esquenta, pique a cebolinha, a cebola e o alho. Polvilhe sal na água com essas palavras:

Com esse sal
Faço parar
A doença e
O mal-estar.

Acrescente a cebola e a cebolinha picada. Diga:

A atmosfera
Vai se energizar
E toda doença
Vai para outro lugar.

Sinta o aroma ficando mais forte. Acrescente o alho com essas palavras:

O alho vai
Para o fogo
Quem está mal
Ficará como novo.

Sinta o aroma do poder crescente dentro da panela. Acrescente as folhas de louro enquanto diz:

Folhas de louro,
Levem embora
A doença agora.

Continue aquecendo por três minutos. Retire do fogo e faça o paciente cheirar a "sopa" mágica. Deixe-a esfriar, destampada.

Quando estiver fria, coe-a e coloque-a em um pote. Acrescente ½ xícara à água do banho; adicione três gotas da mistura a um copo de água e beba, e despeje o resto na Terra para acelerar a cura.

Bruxinhas de Cozinha

Quem teria imaginado, décadas atrás, que dezenas de milhares de casas norte-americanas seriam enfeitadas com imagens de bruxas voando durante o ano todo, ou que as pessoas achariam (mesmo de brincadeira) que essas bruxas trazem sorte?

Poucos de nós. Entretanto, essas imagens de mulheres idosas tornaram-se um acessório bem comum em muitas cozinhas. Segundo a propaganda, as Bruxinhas de Cozinha, vestidas com roupas no estilo do leste europeu e normalmente montadas em uma vassoura, têm o poder de impedir que o leite estrague e que as panelas transbordem enquanto se cozinha.

Esses símbolos femininos de poder vinham originalmente da Escandinávia e eram confeccionados em materiais naturais. Embora grande parte seja hoje confeccionada na Ásia, milhares de feiras de artesanato a cada ano provam que os norte-americanos também estão criando Bruxinhas de Cozinha.

A popularidade de tais figuras sem dúvida surpreende, dada a imagem perversa imputada de forma injusta às bruxas durante séculos. O que estaria por trás dessa popularidade? Eu tenho uma teoria: as Bruxinhas de Cozinha remetem seus donos ao passado da magia, quando as anciãs eram sem dúvida um tipo de "bruxa".

Mulheres sábias, que muitas vezes acumulavam as funções de parteiras, herbalistas, médicas, psicólogas, conselheiras, videntes e praticantes de magia natural, formaram uma parte reconhecida da cultura europeia durante séculos. A maioria dessas mulheres conhecia feitiços de amor, proteção e saúde, e sua assistência mágica era convocada com frequência pelos moradores dos vilarejos.

Em épocas anteriores à "cultura da juventude", os mais velhos eram tidos na mais alta conta por sua sabedoria e experiência. Era natural achar que as mulheres mais velhas e sábias possuíam mais conhecimento e tinham acesso a um poder maior.

Durante centenas de anos, era permitido que essas mulheres praticassem suas artes. Algumas pessoas as chamavam de bruxas, mas naquela época isso não era crime, e o conceito de bruxas como seres malvados ainda não existia. Elas eram mais relacionadas a fadas-madrinhas: ao invés de temidas, eram respeitadas.

Contudo, logo teve início a grande perseguição dos hereges. As mulheres sábias de repente foram tachadas de inimigas da religião dominante. Muitas foram falsamente acusadas de adoração ao diabo e executadas sem direito a um julgamento justo.

E então elas, que eram curandeiras, assistentes e médicas, que curavam com feitiços e ervas, que faziam partos, aconselhavam os deprimidos e abençoavam os campos com fertilidade, passaram a ser odiadas e temidas sem que tivessem culpa de nada. Essa imagem negativa da "bruxa" permanece até os dias de hoje em muitas partes do mundo.

Como as bruxas não eram originalmente vistas como más, parece provável que a atual popularidade da Bruxinha de Cozinha baseie-se no conhecimento crescente da verdadeira natureza das bruxas, no passado e no presente. As Bruxinhas de Cozinha são representadas voando como sinal de suas habilidades mágicas. A idade avançada na qual a maioria delas é retratada talvez indique respeito pela sabedoria acumulada das mulheres sábias.

As Bruxinhas de Cozinha parecem ser tanto um pedido de desculpas às mulheres sábias falsamente acusadas de adoração ao diabo quanto um desejo inconsciente por uma volta ao passado, quando a magia era uma prática aceita e elas ajudavam a todos que as procuravam.

Alimentos dos Sabás

As quatro festividades antigas das religiões europeias pré-cristãs são preservadas hoje nos sabás wiccanos de Imbolc (1º ou 2 de fevereiro no Hemisfério Norte, 1º de agosto no Hemisfério Sul), Beltane (30 de abril no Hemisfério Norte, 31 de outubro no Hemisfério Sul), Lughnasadh ou Lammas (1º de agosto no Hemisfério Norte, 2 de fevereiro no Hemisfério Sul) e Samhain (31 de outubro no Hemisfério Norte, 1º de maio no Hemisfério Sul).

Os rituais em regra começam no início da noite das datas indicadas, pois o costume remonta ao tempo em que o início de um novo dia começava ao anoitecer. Depois de cumprirem as atividades relacionadas à estação, todos se reúnem em um banquete oferecido pelos próprios celebrantes.

Aqui estão algumas receitas incomuns para cada um desses quatro sabás principais. Combinadas com outros alimentos, elas compõem abundantes refeições festivas.

Imbolc

Imbolc é o tempo em que, no pensamento wiccano, a Deusa se recuperou depois de dar à luz o Deus, na celebração de Yule.

Molho Imbolc

2 tomates grandes e bem maduros
1 cebola pequena
1 ou 2 pimentas dedo-de-moça em conserva
1 colher de sopa de folhas frescas de coentro, bem picadas
Sal e pimenta a gosto
Uma pitada de açúcar

Descasque e pique bem os tomates e a cebola. Retire as sementes das pimentas e corte-as em pedaços bem pequenos. (Aviso: duas pimentas deixam o molho bem picante.) Coloque os primeiros quatro ingredientes em uma tigela, tempere a gosto e deixe marinar na geladeira por algumas horas. Sirva gelado com chips de *tortilla*. (Sirva com *chilli* [vegetariano ou não], arroz e feijão.)

Beltane

O ritual de Beltane marca o retorno da fertilidade à Terra no auge da primavera. Alguns wiccanos comemoram o casamento da Deusa com o Deus.

Sopa de Ervas de Beltane

1 pé pequeno de alface
6 xícaras de caldo de galinha
1 punhado pequeno de agrião

1 colher de chá de sal
1 xícara de azedinha
Uma pitada de pimenta-do-reino
2 ramos de salsinha
1 xícara de creme de leite fresco
3 colheres de sopa de manteiga
1 gema de ovo
Croutons (pequenos pedaços de pão, frito ou assado com óleo, azeite ou manteiga)

Pique a alface e a salsinha; corte em tirinhas finas o agrião e a azedinha. Refogue as ervas na manteiga por cerca de cinco minutos até murcharem, mas sem deixar dourar. Acrescente o caldo, o sal e a pimenta. Cozinhe por trinta minutos em fogo médio. Acrescente o creme de leite e a gema de ovo. Mexa até aquecer, mas não deixe ferver. Tempere a gosto e acrescente os *croutons*.

(Sirva com quiche, pão fresco, manteiga e frutas da estação.)

Lughnasadh ou Lammas

Esse é o período da primeira colheita. A fertilidade da natureza vai diminuindo enquanto ela se prepara para o inverno, e as horas de luz solar diminuem a cada dia.

Milho Lughnasadh

4 espigas de milho
1 colher de chá de sal
⅓ xícara de manteiga
2 colheres de chá de açúcar
⅓ xícara de cebola, picada
Uma pitada de cominho
⅓ xícara de pimentão, picado

Uma pitada de alecrim
¼ xícara de abobrinha, picada
1 tomate grande, picado

Remova as cascas e os fiapos do milho. Retire os grãos das espigas até obter a medida de duas xícaras. Coloque em uma panela. Acrescente todos os ingredientes, exceto o tomate, e leve ao fogo médio, sem tampa, até a manteiga derreter. Tampe e cozinhe em fogo baixo por cerca de dez minutos. Acrescente o tomate e cozinhe por mais cinco minutos, com a panela tampada.

(Sirva com pão integral fresco, pratos à base de feijão e torta de amora.)

Samhain

O Samhain é o festival do outono no qual os wiccanos se despedem do Deus (representado pelo sol), que faz sua viagem em direção ao horizonte ocidental.

Colcannon do Samhain

1 kg de batatas pequenas
6 cebolinhas médias
4 xícaras de repolho verde
4 colheres de sopa de manteiga
½ a 1 xícara de leite morno
1 ½ colher de chá de sal
Uma pitada de pimenta-do-reino

Descasque as batatas e corte-as em quatro. Corte as cebolinhas em fatias finas e depois ao meio. Fatie o repolho em tirinhas finas.

Cozinhe as batatas até ficarem macias, mas não moles. Ao mesmo tempo, em uma panela separada, cozinhe o repolho por cerca de nove minutos.

Escorra o repolho. Refogue-o em uma frigideira com duas colheres de sopa de manteiga por um ou dois minutos; retire do fogo. Cubra e reserve.

Escorra as batatas, devolva-as para a panela e mexa sobre o fogo até secar. Esprema as batatas ou bata-as com a batedeira. Adicione ½ xícara de leite e o restante da manteiga e bata tudo. (Se necessário, você pode acrescentar mais leite para criar um purê com textura adequada.)

Junte o repolho e a cebolinha ao purê de batatas; misture bem. Tempere com sal e pimenta. Sirva em seguida.

Ensopado, pão torrado com manteiga de alho (misture 100 g de manteiga amolecida com um dente de alho pequeno espremido) e salada servem como ótimos acompanhamentos.

Antigos Feitiços com Ervas

*Ó quem pode falar
Do poder oculto das ervas,
E da força do feitiço mágico?*
Spenser

Uma simples flor silvestre balançando ao vento, uma raiz enterrada no solo úmido, folhas perfumadas e sementes pungentes: essas são algumas das mais antigas ferramentas da magia.

A conexão entre as ervas e a magia foi estabelecida há muito tempo pelos primeiros praticantes. Foram essas bravas pessoas que descobriram as energias inerentes às plantas de todos os tipos e conceberam métodos para o seu uso.

Os feitiços com ervas invocam o poder sutil de uma variedade de plantas e podem ser de extrema eficácia; mas rituais de magia tais como os que se seguem não terão efeito a menos que o mago sinta, desperte, absorva e mova as energias que as plantas contêm.

- Se você foi roubado, colha girassóis no mês de Leão e coloque-os sob seu travesseiro. Dormindo sobre eles, você vai ver o rosto do ladrão em seu sonho.

- Se você deseja manter as cobras longe de sua propriedade, plante morangos na área em volta de sua casa.

- Antes do nascer do sol na primeira terça-feira depois da Lua Nova, procure um trevo de quatro ou cinco folhas. Guarde-o para ter sorte em jogos de azar.

- Se você teme ataques de inimigos, escreva seu nome com caneta vermelha em uma folha fresca de verbena. Carregue essa folha com você e seu inimigo não vai te fazer mal.

- Para manter espíritos malignos afastados de sua casa, pendure algas marinhas desidratadas em sua cozinha.

- Para descobrir o futuro, pegue duas bolotas de carvalho. Defina uma para significar "sim" e a outra para "não". Coloque-as em uma bacia de água e faça uma pergunta. A bolota que flutuar na sua direção indica a resposta.

- Plante murta de cada lado da porta de sua casa e terá sempre amor e paz dentro dela.

- Esfregue-se com alho ou alho-poró antes de um confronto para obter a vitória.

- Para curar dor de cabeça, segure um pouco de raiz-forte recém-ralada.

- Colha a primeira flor de anêmona que nascer na primavera e carregue-a com você como um amuleto contra doenças.

- Coloque galhos espinhosos de rosas na porta da frente de sua casa para manter o mal longe de seu lar.

- Consumir um pouco de tomilho silvestre antes de se deitar garante um sono livre de pesadelos.

- Carrapichos (aquelas pequenas sementes em cápsulas que grudam na roupa) são úteis para melhorar a memória. Coloque alguns em um saquinho e carregue com esse objetivo.

- Guarde dinheiro com lascas de cedro em uma caixinha para atrair ainda mais dinheiro.

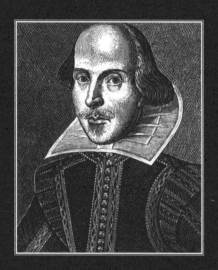

O Código de Ervas de Shakespeare

Em uma famosa cena de Macbeth, três bruxas criam uma poção a fim de evocar a presença de sua deusa, Hécate. Os ingredientes que elas misturam no caldeirão não são, na verdade, tão horripilantes quanto parecem à primeira vista; são ervas.

As obras de Shakespeare são salpicadas de alusão a ervas, e essa cena das bruxas é um excelente exemplo. Aqui estão algumas "traduções" experimentais dos ingredientes mencionados no poema:

Filé de uma cobra do pântano: Fruta de uma certa espécie de *Arum* conhecida como "carne de víbora"

Olho de salamandra: Qualquer flor com "olhos", tais como margaridas, escovinhas, marroios-brancos etc.

Dedo de sapo: Ranúnculo (*Ranunculus bulbosus*)

Lã de morcego: Azevinho (*Ilex aquifolium*)

Língua de cão: Língua-de-cão (*Cynoglossum officinale*)

Forquilha de víbora: Bistorta (*Polygonum bistorta*) ou jarro-maculado (*Arum maculatum*)

Ferrão de licranço: Losna (*Artemisia absinthium*)

Perna de lagarto: Alguma espécie de trepadeira; talvez uma hera

Asa de coruja: Uma planta com folhas peludas, como alguns gerânios

Escama de dragão: Folha do estragão (*Artemisia dracunculus*)

Dente de lobo: Folha do acônito (*Aconitum napellus*) ou galho de licopódio (*Lycopodium clavatum*)

Múmia de Bruxas: Uma planta usada como um boneco (imagem mágica); provavelmente mandrágora (*Mandragora officinalis*) ou briônia (*Bryonia spp.*)

Papo e goela do tubarão marinho voraz: Alga marinha

Raiz de cicuta, escavada no escuro:
Cicuta (*Conium maculatum*)

Fígado de judeu blasfemo: Raiz de gilbardeira (*Ruscus aculeatus*) ("Judeu blasfemo" foi lançado ali apenas para "chocar" sua plateia majoritariamente cristã)

Bile de bode: Madressilva (*Lonicera caprifolium*) ou erva-de-são-joão (*Hypericum perforatum*)

Tiras de teixo lascadas no eclipse da lua: Teixo (*Taxus baccata*)

Nariz de turco: Lírio-mártago (*Lilium martagon*)

Lábios de tártaro: Alguma planta comestível ou erva chinesa não identificada (supondo que "tártaro" aqui seja usado para descrever os chineses, assim como acontecia no passado; outra hipótese é ter sido uma conhecida planta da Rússia)

Dedo de bebê estrangulado ao nascer:
Raízes de uma árvore jovem e morta

Caldeirão de tigre: Pode ser pé-de-leão (*Alchemilla vulgaris*)

Este parece ser um feitiço objetivo com ervas. Em outras palavras, a fórmula seria mais ou menos assim:

Coloque os itens abaixo em um caldeirão de água fervente:

Fruto do jarro-maculado	Acônito
Margaridas	Mandrágora
Ranúnculo	Alga marinha
Azevinho	Cicuta
Língua-de-cão	Gilbardeira
Bistorta	Madressilva
Artemísia	Teixo
Hera	Lírio-mártago
Gerânio	Raízes
Estragão	Pé-de-leão

Embora não haja comprovação de que era isso o que Shakespeare tinha em mente, é um bom lembrete de que nem tudo é o que parece em muitas antigas fórmulas mágicas, mesmo aquelas preservadas na literatura. (É claro que essa poção seria venenosa mesmo assim!)

Jardinagem Mágica em Vasos

Os jardins mágicos plantados em vasos são uma forma encantadora, ainda que temporária, de usar o poder inerente às ervas. Leva-se pouco tempo para criar um desses canteiros potentes, e a energia gasta é bem recompensada.

Orientações Gerais: Você vai precisar de um vaso de cerâmica redondo com 60 centímetros de diâmetro e cerca de 20 a 25 centímetros de profundidade; substrato para vasos ou uma boa mistura de terra, areia e cobertura vegetal; e muitas e muitas plantas pequenas (mudas ou aquelas vendidas em bandejas de germinação encontradas em hortos ou floriculturas). Como o vaso será mantido ao ar livre, o ideal é começar na primavera para evitar o perigo de geada. Acomode pequenas pedras ou cacos de louça quebrada no fundo do vaso para cobrir o buraco de drenagem. Encha cerca de um terço do recipiente com o substrato (ou solo fértil com adubo). Enquanto enche o vaso, diga palavras como:

> *Fértil você é, fértil você será,*
> *Este é o meu desejo; então assim ocorrerá!*

Adquira as plantas (segue abaixo uma lista de recomendações para tipos diferentes de jardim). Você vai precisar de mudas prontas ou plantas pequenas muito compactas. Remova-as com cuidado dos seus recipientes, assegurando que as raízes não sejam danificadas. Depois de arrumar as plantas em cima do solo de acordo com as orientações abaixo, plante-as enquanto canta. Acrescente terra extra se necessário. Regue bem.

Quando terminar, regue com regularidade. Visite seu jardim mágico com frequência para se beneficiar de seus poderes sutis, todavia potentes. Com um pouco de amor e atenção, ele oferecerá meses de alegria.

Bom cultivo!

Jardim para Cura: Plante quatro sálvias formando um quadrado e uma quinta sálvia no meio. Encha os cantos com pequenos cravos. Enquanto planta, diga:

> *Sálvia de Júpiter, cravos do sol, o rei*
> *Através de vocês, a cura alcançarei.*

Jardim do Amor: Plante este jardim ao luar. Coloque uma lavanda no centro do vaso. Plante um anel de erva-de-gato em volta da lavanda, depois um anel maior de manjericão em volta da erva-de-gato. (Deixe um espaço de 5 a 8 centímetros entre as plantas para que possam crescer.) Enquanto planta, diga as palavras a seguir, ou similares:

> *Plantas de Vênus,*
> *Lua no ar,*
> *Atraiam agora*
> *Alguém para eu amar.*

Jardim da Proteção: Crie esse jardim quando o sol estiver exatamente à pino. Visualizando um pentagrama em cima do vaso, plante uma pequena babosa em cada ponta. No centro, coloque um pé de alho. Entoe as palavras a seguir, ou outras parecidas, enquanto planta:

> *Este canteiro eu faço,*
> *Aqui planto a semente*
> *Guarde a mim e aos meus*
> *Eternamente.*

Colhendo Plantas para Uso Mágico

Os livros ancestrais de magia fornecem orientações específicas a respeito de como colher plantas que serão usadas na prática mágica. Os magos antigos as seguiam para garantir a futura potência ritualística da planta.

Dependendo da fonte e do país de origem, algumas dessas instruções são contraditórias. Alguns autores, por exemplo, declaram que as plantas devem ser colhidas enquanto estão de frente para o sol; outros afirmam que isso deve ser feito antes do sol nascer. Ainda assim, existem similaridades também, e desses registros antigos podemos estabelecer uma imagem clara dos ritos mágicos de colheita.

Em geral, as plantas deviam ser colhidas antes do nascer do sol, no dia da semana que rege aquela espécie.

Plantas do sol: Domingo
Plantas da lua: Segunda-feira
Plantas de Marte: Terça-feira
Plantas de Mercúrio: Quarta-feira
Plantas de Júpiter: Quinta-feira
Plantas de Vênus: Sexta-feira
Plantas de Saturno: Sábado

Além disso, a fase da lua e o signo lunar eram levados em consideração: raízes e madeiras eram coletadas na Lua Minguante; frutas, flores, sementes e folhas durante a Lua Crescente. Certas plantas eram colhidas na Lua Cheia e outras (como samambaia e artemísia) no Solstício de Verão ou em outro dia especial. O dia 1º de maio era outra ocasião especial para colher ervas.

Nicholas Culpeper acrescentou à atividade questões ligadas à astrologia. Segundo ele, era melhor que o planeta regente da planta estivesse no ascendente no momento da colheita. (Essa informação se referia à colheita de ervas medicinais, mas os magos também a utilizavam.) Além disso, Culpeper também declarou que as plantas deveriam ser colhidas nos lugares onde "tivessem mais prazer em crescer".

A direção para onde se voltava a pessoa que colhia também era significativa. Agrippa, em sua obra *Três Livros de Filosofia Oculta* (edição brasileira de 2000; edição inglesa de 1651), é bem explícito nesse sentido.

As ervas regidas por Saturno, Marte e Júpiter, escreveu ele, deveriam ser colhidas de frente para o leste ou para o sul. As regidas por Vênus, Mercúrio e pela lua deveriam ser colhidas de frente para o oeste, pois essas plantas "gostam de ser ocidentais". As plantas solares são colhidas de frente para o sol, ou para o sul.

Antes de ir colher plantas, o mago era instruído a estar em jejum, de banho tomado e vestido com roupas brancas. Ele precisava sair de casa "antes de dizer uma palavra a qualquer criatura" naquela manhã.

Para preparar a planta para a colheita, o mago, em geral, desenhava um círculo no chão em volta do tronco, em regra, usando uma espada ou faca mágica. Com o vento soprando em suas costas, o mago então usava um instrumento não metálico para desenraizar a planta.

Sob nenhuma circunstância as folhas, flores, sementes, raízes, casca ou madeira deveriam tocar o chão depois de apanhadas, ou isso anularia sua eficácia para a magia. A erva era embrulhada com cuidado em tecido e levada para casa para ser desidratada ou usada de imediato em rituais ou feitiços.

Os galhos que seriam usados como varinhas mágicas mereciam rituais de coleta especiais. De acordo com uma antiga fonte, o mago precisava ir até a árvore antes do nascer do sol e ficar de frente para o leste, de modo que o galho recebesse os primeiros raios solares quando ele despontasse na alvorada. Se essa regra não fosse respeitada, a varinha feita com aquele galho "podia não valer de nada".

Algumas ervas exigiam rituais especiais na colheita. O licopódio era considerado uma planta muito sagrada. O mago se aproximava dela descalço ("com os pés lavados"), vestido de branco. Diante da planta, o mago fazia uma oferenda de pão e vinho, e em seguida a desenraizava. O licopódio colhido de forma apropriada podia ser usado para proteção ou para obter poder místico.

O melhor dia para colher valeriana era o 2 de maio. Ao colhê-la, recitava-se o seguinte:

Eu a evoco, erva, pois tu és digna de todas as coisas no mundo. No deleite, na corte diante de reis, soberanos e juízes, fazes da amizade algo sublime.

A planta era colhida, lavada em leite humano, embrulhada em linho e cuidadosamente levada para casa.

Para algumas ervas, o ato da colheita em si constituía o ritual mágico inteiro: para curar a febre, o mago puxava uma urtiga pelas raízes enquanto exclamava alto o nome do doente e dos pais do doente.

Em geral, hoje os magos usam técnicas diferentes. Preocupações ecológicas e uma maior consciência sobre a Terra guiam nossas práticas de colheita. Compreendemos o sacrifício que as plantas devem fazer se vamos utilizá-las para a magia.

Podemos ainda colher plantas em certos dias, em certas horas e em certas fases da lua. Mas antes, nos sintonizamos com elas e explicamos o que vamos fazer e por quê. Ou ainda, deixamos uma oferenda na base da planta. Evitamos colher folhas (ou flores) em excesso para não prejudicar a planta, e raramente retiramos uma inteira, a não ser que muitas outras do mesmo tipo cresçam por perto.

Os herboristas respeitam a Terra, e demonstram isso até mesmo quando colhem sua generosidade.

> *O Carneiro, o Touro, os Gêmeos Celestiais,*
> *O Caranguejo e em seguida o Leão brilha,*
> *A Virgem e a Balança,*
> *O Escorpião, o Arqueiro, depois a Cabra.*
> *O homem que segura um jarro de Água,*
> *O Peixe de cauda cintilante.*

(Antigo poema astrológico de almanaques arcaicos descrevendo a criatura simbólica de cada signo.)

A Natureza e o Poder da Terra

Um Manual de Rituais e Feitiços de Magia Natural

Perfumadas especiarias, envolventes especiarias;
Tragam-me dinheiro, ouro e pratarias.

A magia natural está entre essas artes ocultas (escondidas) que já foram de conhecimento público no passado. Trata-se de um uso belo e amoroso das energias naturais para provocar mudanças positivas. Embora esteja envolta em segredos há séculos, é tão poderosa hoje quanto era no passado distante. Se você nunca praticou magia natural antes, eis seus fundamentos:

- A magia é o movimento de energias naturais para provocar uma mudança necessária.

- A magia não é perigosa ou maligna.

- A magia é uma prática genuína (mas pouco compreendida).

- A magia utiliza energias naturais: as que habitam seu corpo, assim como as que estão presentes nas plantas, pedras, símbolos e cores.

- Você pode sentir essa energia em si mesmo enquanto se exercita, sobe escadas ou realiza outras atividades físicas.

- Você pode despertar essa energia por vontade própria contraindo seus músculos.

- A natureza do feitiço confere propósito e direcionamento a essa energia; isso pode envolver a visualização de cenas e imagens em sua mente.

- Essa energia é então liberada através do relaxamento dos músculos e do impulsionamento dela em direção ao alvo, que pode ser uma vela, uma pedra, uma erva, um balde de água ou até mesmo a atmosfera.

- A magia é usada para causas positivas.

- A magia nunca é usada para causar danos.

- A magia não é usada para outros sem a permissão deles.

- A magia sempre pode ser usada para ajudar a si mesmo (sem dúvida, essa é a melhor razão para usá-la).

Parece simples? É verdade. Parece complexo? É verdade, também. Por que essas duas afirmações soam contraditórias? Encontre a resposta na prática da magia natural.

A magia natural é um legado precioso que as gerações anteriores nos deixaram.

Feitiços e Rituais

Os seguintes feitiços podem ser realizados por qualquer um, em qualquer lugar, bastando haver a necessidade. Eles envolvem questões comuns: dinheiro, amor e proteção. Não são religiosos, requerem pouco equipamento especializado e podem ser muito eficientes. Para maximizar o resultado, realize um feitiço de cada vez. Se tiver muitas necessidades, decida qual a mais importante e concentre-se nela.

Faça esses rituais com a atitude adequada: espere resultados. Tenha em mente que a maioria dos rituais de magia devem ser repetidos diversas vezes. Saiba que a magia não é sobrenatural, e nem seus efeitos. Quanto mais praticar a magia natural, mais consciente você se tornará a respeito das possíveis aplicações positivas em sua vida. Ela é uma ferramenta poderosa para causar transformações positivas.

O Feitiço da Cornucópia (para atrair dinheiro)

Itens Necessários: uma tigela de madeira, cerâmica ou vidro; três colheres de sopa de canela em pó; três colheres de sopa de cravo-da-índia em pó; uma xícara ou tigela menor não metálica.

Lave bem a tigela. Seque-a e deixe-a em algum lugar dentro de casa, onde possa permanecer intocada por pelo menos três semanas.

Meça as especiarias em pó e despeje-as na tigela menor. Misture bem usando os dedos enquanto diz em voz baixa, com muita fé, contraindo os músculos dos dedos, braços e ombros:

Perfumadas especiarias, envolventes especiarias
Tragam-me dinheiro, ouro e pratarias.

Repita esses versos pelo menos cinco vezes enquanto mistura a canela e o cravo-da-índia em pó. Sinta a energia que vibra das especiarias.

Coloque a tigela menor ao lado da maior. Tire algumas moedas do bolso ou da bolsa. Disponha-as no pote maior. Em seguida polvilhe uma pitada das especiarias em pó sobre as moedas enquanto repete o verso das "Perfumadas especiarias". Visualize uma corrente de energia que atrai dinheiro reluzindo da tigela. Pelo menos uma vez por dia, ou com mais frequência se desejar, acrescente mais algumas moedas às da tigela, polvilhe uma pitada de especiarias e recite o verso. Continue até que as especiarias acabem. O dinheiro virá até você.

(Nota: Não retire nenhuma das moedas que você colocou no pote. Deixe que elas repousem lá, combinando suas próprias energias de dinheiro com a energia das especiarias. Quando tiver usado toda a mistura, recolha as moedas e gaste-as da maneira que desejar. Se quiser, reenergize as especiarias com o verso acima, lave a tigela e recomece o feitiço.)

A Pedra do Amor (para atrair o amor)

Para este ritual, você não precisará de nada além de si mesmo e seu intenso desejo de viver uma relação amorosa.

Vá até uma nascente, visite uma praia ou caminhe ao lado de um rio ou um lago. Um leito de rio seco (em regiões desertas) também funciona. Deixe que uma pedra o encontre (não procure por uma). Uma pedra, e somente uma pedra, será adequada; deve ser pequena o bastante para caber em sua mão e provavelmente será lisa.

Quando tiver a pedra, segure-a de leve entre as palmas das mãos. Imagine-se desfrutando de uma relação amorosa, não com o "José da Silva", a "Maria Santos" ou outra pessoa específica, mas com alguém que talvez ainda não conheça.

Construa uma imagem bem definida em sua mente. Visualize vocês dois tendo um jantar agradável, escutando música e desfrutando de interesses mútuos.

Pressione bem as palmas das mãos contra a pedra. Canalize essa energia para a pedra, forçando-a a fluir de suas palmas. A rocha é uma esponja sólida, porém permeável: ela vai absorver seu desejo por um relacionamento amoroso.

Quando tiver incutido na pedra o máximo de energia que puder, transfira-a para sua mão dominante (a que você usa para escrever) e jogue-a dentro da nascente, mar, rio, lago ou leito de rio seco. Arremesse-a, sabendo que sua energia irá com ela.

Ao tocar na água (ou na areia), a pedra liberará a energia colocada nela por você. As forças serão movidas. Seja ativo. Alguém, em algum momento, vai encontrar você.

A Chave Flamejante (um ritual de proteção do lar)

Itens necessários: uma cópia da chave de sua casa (que você não precisará mais usar); uma vela vermelha; uma caixa de fósforos.

Ao amanhecer, ou o mais perto possível do nascer do sol, leve a chave, a vela e os fósforos para dentro pela sua porta da frente. Visualize que a chave pode abrir ou fechar a entrada da sua casa e que ela pode impedir intrusos tanto físicos quanto não físicos.

Ponha de lado a chave e os fósforos. Segure a vela entre as palmas das mãos. Visualize sua casa como um lugar seguro, guardado, protegido, um lugar de privacidade e segurança. Veja-a como uma fortaleza contra pessoas e energias indesejadas.

Diga essas palavras ou similares:

Proteja essa casa
Até seu coração.
Proteja agora
Do telhado ao chão.

Canalize essa energia protetora para a vela. Sinta-a correndo de suas mãos até ela. Faça isso até sentir que você está prestes a explodir.

Transfira a vela para a mão esquerda, se você for destro. (Se for canhoto, para a direita.) Ainda segurando-a, pegue a caixa de fósforos com a mão livre e risque um fósforo. Acenda o pavio da vela.

Deixe de lado a caixa. Enquanto a chama da vela arde, diga:

Proteja muito bem
Este nosso recanto.
Proteja esta casa,
Com este encanto.

Segure a vela diante da porta por pelo menos um minuto. Sinta suas energias vibrando e erguendo-se da chama enquanto a vela derrete.

Agora pegue a chave, o instrumento de magia que vai proteger sua residência. Segurando-a com a mão esquerda (se for destro), empurre-a com força contra a chama, apagando-a e, ao mesmo tempo, transferindo todo o poder da vela para a chave.

Deixe a vela de lado. Toque com a chave na fechadura da porta da frente e diga:

Ó chave flamejante,
Minha casa vai proteger.
Esse é o meu desejo.
Então assim vai ser.

Mantenha a chave em algum lugar dentro da casa perto da porta da frente (talvez embaixo do tapete ou do carpete). Ela protegerá a casa contanto que nunca seja usada para abrir a porta da frente.

As Árvores como Ferramentas de Consciência Psíquica

Para ser realizado em qualquer dia com vento, na primavera ou no verão, no qual as folhas ainda estejam balançando nas árvores:

Vá a um lugar seguro e ermo, onde haja pouca chance de ser perturbado.

Sente-se ou deite-se de forma confortável sob uma árvore de folhas grandes. Feche os olhos por alguns momentos, respirando fundo e acalmando-se para o ritual a seguir. Esvazie sua mente.

Quando estiver pronto, abra os olhos e erga-os em direção às folhas se movendo acima, ou para os padrões de sombra em constante mutação criados pela luz do sol brilhando através delas.

Deixe-se levar pelo espetáculo sempre dinâmico das sombras ou folhas em movimento. Não as examine; apenas esteja com elas. Permita que o movimento do vento acalme sua mente consciente e desperte sua consciência psíquica.

Ao sentir sua consciência se esvaindo, faça sua pergunta ou simplesmente abra-se para a resposta.

Pensamentos espontâneos surgirão de seu subconsciente. Entre eles pode estar aquele que você procura. Ouça-os e guarde-os na memória.

Após o ritual, anote as imagens importantes que você recebeu durante a meditação. Reflita sobre elas e determine se alguma é aplicável.

Repita em qualquer dia apropriado.

Presságios Climáticos

Os fazendeiros, marinheiros e a maioria das pessoas pelo mundo sempre foram dependentes do clima. Antes da invenção de satélites climáticos, observavam-se os animais, plantas e muitas outras coisas para prever a aproximação de tempestades, o fim da geada, dias calmos e outros padrões de clima.

Apesar de termos boas tecnologias para a previsão do tempo, os métodos mais antigos são tão ou mais confiáveis. Presságios climáticos muitas vezes são contraditórios, mas há registros sobre eles em várias épocas e localidades. Esses indicadores meteorológicos foram em grande parte compilados de fontes europeias e norte-americanas:

Tempestades

- Chamas azuis no fogo
- Gatos sentados de costas para a lareira
- Trevos fechando as folhas
- Cavalos parados em grupo de costas para uma sebe
- Formigas trabalhando mais do que o normal
- Cravos-da-índia não abrindo antes das 7h
- Andorinhas voando baixo
- Aranhas destruindo suas teias

Chuva

- Formigas se escondendo
- Um arco-íris de tarde
- O aroma de flores ficando mais forte
- Gatos espirrando
- Cães comendo grama
- Corujas piando
- Plantas carnívoras se abrindo além da conta
- Abelhas permanecendo nas colmeias
- Aranhas abandonando suas teias à procura de outros abrigos

- Fumaça se recusando a sair da chaminé
- Morcegos voando para dentro de casa
- Cobras caçando comida

Bom Tempo

- Vacas deitadas em terrenos elevados
- Morcegos voando ao crepúsculo
- Esquilos comendo nozes nas árvores
- Pintarroxos cantando no celeiro
- Cotovias voando alto
- Aranhas fazendo teias de manhã
- Vento soprando do oeste
- Cabras deixando suas casas durante uma chuva

Outros Indicadores Climáticos:

- Calor: Canteiros de agrião criando uma névoa de umidade de noite
- Ciclones: Pássaros migratórios voando sem rumo no ar
- Terremotos: Cães latindo

Terremotos

Embora os terremotos às vezes sejam devastadores, a maioria é de magnitude mínima e não causa danos. Na verdade, equipamentos sensíveis registram todos os dias milhares deles que não são percebidos pelos humanos.

Em suas formas menos severas, os terremotos já foram considerados presságios, que eram interpretados de acordo com a hora do dia em que o fenômeno ocorria. Um antigo poema divinatório diz;

> *Algumas coisas verás*
> *Que um terremoto traz:*
> *Às nove em ponto*
> *O mal-estar de pronto;*
> *Às cinco e sete*
> *Chuva promete;*
> *Às quatro o céu;*
> *Clareou o seu véu*
> *Às seis e oito*
> *O vento chega afoito.*

Amuletos com Pássaros

De acordo com diversas fontes, os amuletos que consistem na representação de pássaros ou que utilizam suas penas baseiam-se na magia intrínseca que as próprias criaturas possuem.

(Se você planeja usar penas como amuletos, use apenas as que tiverem caído de forma natural. Matar qualquer pássaro para fazer uso delas não só é cruel e sem sentido, como também é ilegal em muitos lugares.)

Águia: Alguns povos da América do Norte antigamente usavam uma pena de águia para espantar o mal. Hoje, a posse de qualquer pena de ave de rapina (águias, gaviões, falcões, corujas ou abutres) é punível pela lei nos Estados Unidos, com algumas exceções. Entretanto, a representação de uma águia pode ser usada para proteção.

Andorinha: Um broche no formato de uma andorinha voando é usado para trazer sorte.

Avestruz: As penas podem ser carregadas para descobrir a verdade sobre algum assunto.

Corruíra: As penas, carregadas ou usadas, protegem contra afogamentos no mar.

Coruja: Uma imagem no formato de coruja é usada ou carregada para incutir sabedoria, em geral durante provas. (*Ver Águia*)

Gaivota: Use as penas em amuletos de viagem.

Ganso: As penas atraem o amor.

Gavião: Imagens de gaviões são levadas em navios e aviões como forma de proteção contra acidentes durante a viagem. (*Ver Águia*)

Pomba: Carregue suas penas como um talismã de amor.

Um Feitiço com Neve

Os feitiços e rituais em geral são ferramentas de autotransformação. O ritual a seguir utiliza uma manifestação física da água: a neve. Esse é, portanto, um ritual de inverno. A estação fria pode ser uma época de isolamento sufocante da natureza. Embora eu more na ensolarada San Diego, criei esse ritual durante uma viagem de inverno a Saint Paul, Minnesota. A notável natureza da neve (um líquido em uma forma quase sólida) é utilizada para representar um hábito ou condição negativa existente. Se não houver neve disponível, também é possível usar gelo raspado ou triturado.

Lembre-se de que tais rituais são reforços psicológicos válidos; mas quando a energia é transferida de fato, a magia está em andamento e as mudanças acontecem de maneira que não se explica com facilidade.

Como se Livrar de uma
Condição ou Hábito Negativo

Quando estiver decidido a não mais permitir que um hábito ou uma condição prejudicial controle a sua vida, faça este ritual.

Vista roupas quentes. Durante o dia, saia de casa com uma tigela pequena, como as que usa para comer cereal. Encha a tigela até a boca com neve branca e fresca, nivele-a com as mãos cobertas por luvas, e volte rápido para dentro.

Tire as roupas de inverno e as luvas. Coloque o pote de neve sobre uma mesa. De pé, estenda as mãos sobre a tigela com as palmas voltadas para baixo. Diga:

Branco cintilar,
Neve cristal
Ajude-me a lutar
Contra o sopro do mal.

Visualize (veja com os olhos de sua mente) o hábito na neve, como se a condição negativa existisse dentro dela. Mentalize o hábito, suas causas e o poder que você lhe confere presentes nos cristais de gelo.

Transfira a energia negativa das palmas de sua mão para a neve.

Agora, segure em sua mão direita (se for destro; se for canhoto, use a esquerda) ½ punhado de sal grosso (para descongelar). Observe a substância branca e sinta suas energias de purificação e limpeza.

Ainda visualizando seu hábito negativo na neve, salpique o sal por cima dela até que esteja com a superfície coberta por completo. Diga:

Branco no branco,
Sal na neve
Vença a batalha
Que seja em breve.

Em seguida, pegue qualquer pedra pequena de não mais do que 4 centímetros de largura ou comprimento. Segure-a em sua mão dominante enquanto visualiza a libertação de sua condição ou hábito negativo. Veja-se livre dessas amarras. Mentalize sua vida sem esse elemento nocivo. Sinta o poder que você possui para quebrar a corrente.

Depois de alguns momentos, coloque a pedra com delicadeza na superfície da neve com sal. Diga:

Pedra no sal,
Sal na neve
Detenha o mal
Que seja em breve.

Sente-se diante da tigela e olhe-a com atenção. Observe. Sinta. Visualize a potência purificadora do sal destruindo seu hábito, suas causas, e o poder que você estava lhe dando.

Enquanto a neve derrete, libere todas as suas conexões com o hábito. Visualize e sinta seus desejos inconscientes derretendo-se, dissolvendo-se em um mar de apatia, um oceano de desinteresse, um crescente rio de purificação.

Quando o sal tiver derretido a neve, retire a pedra, derrame a água do lado de fora da casa (longe de qualquer planta que possa estar adormecida sob o manto branco) e volte para dentro.

Lave a tigela e a pedra. Guarde-os em um lugar seguro até o dia seguinte. Repita todo o ritual por nove dias. Visualize. Use seus grupos de apoio. E simplesmente faça!

A Magia do Orvalho de Maio

A bela donzela que, em maio, no dia primeiro,
Vai ao campo ao amanhecer,
E se molha no orvalho do espinheiro,
Para sempre linda há de ser.
Poema popular

O orvalho se forma de um modo misterioso em noites frias, sem nuvem e sem vento, cobrindo árvores, arbustos e até mesmo animais. Acredita-se que esse líquido puro seja a quintessência da água. Por conta de seu aparecimento inexplicável, passou a ser usado em muitos feitiços e rituais.

Acredita-se que o orvalho coletado em maio seja especialmente poderoso. Ainda no século XIX, cidades inteiras da Inglaterra acordavam bem antes da alvorada. Às quatro da manhã, as pessoas iam de um lado para o outro com pequenos recipientes, coletando orvalho das folhas, das ervas e da grama.

Embora todo orvalho seja considerado mágico, sempre se acreditou que o coletado no dia 1º de maio fosse o mais potente para objetivos tanto de magia quanto de medicina.

Aqui estão alguns exemplos de magia do Orvalho de Maio:

Lavar o rosto e as mãos com o orvalho traz sorte. Aplicado no rosto, também protege de rugas, manchas e sardas. Por acreditarem que ele preservava a juventude, era amplamente usado para aumentar a beleza (principalmente o orvalho coletado do espinheiro, como mencionado no poema popular acima).

As mulheres solteiras jogavam um tanto do líquido precioso por cima dos ombros de forma a atrair "bons maridos", enquanto qualquer um podia molhar as mãos com o Orvalho de Maio para atrair sorte na vida. Também era um ingrediente poderoso em misturas para o amor.

O Orvalho de Maio também teve seu uso medicinal. Tirado do funcho ou da celidônia era usado para tratar olhos doloridos, enquanto se considerava que andar na grama molhada de orvalho curava gota e reumatismo. Na Espanha e na França, muitas pessoas rolavam nuas no orvalho no dia 1º de maio para se protegerem de doenças da pele e reumatismo por um ano.

O líquido era inalado para curar vertigem, e tanto os boticários quanto as bruxas acrescentavam o Orvalho de Maio às misturas medicinais. Os bebês eram "fortalecidos" colocando-os na grama coberta por orvalho na manhã do dia 1º de maio (ou molhando-os com um pouco de orvalho).

Na Ilha de Man, as mulheres lavavam o rosto com o Orvalho de Maio para se protegerem de feitiços malignos, e no Leste Europeu os fazendeiros molhavam suas vacas com o líquido para protegê-las de encantamentos maléficos.

A Magia das Conchas

Uma onda quebra na praia, espirrando espuma na areia reluzente.

Com o avanço da água, tesouros são trazidos do fundo do mar. Quando a onda recua, essas maravilhas valiosas repousam pacientes na areia, esperando a próxima onda ou alguém interessado em coletá-las.

Muitas crianças juntam conchas. Muitos adultos, também, e inclusive viajam bastante para obter vastas coleções desses objetos fascinantes, por vezes dispostos a pagar uma quantia exorbitante por uma concha rara, tal como a *Golden Cowrie*, cuja beleza é extraordinária.

Entretanto, poucas crianças, e menos adultos ainda, conhecem os poderes ocultos contidos nas conchas. Há muito usadas na magia e em rituais religiosos, elas mantêm o barulho do mar com o poder do oceano, e podem ser utilizadas para trazer amor, dinheiro, proteção, sorte e muitas outras energias para a vida de quem as encontra.

Durante anos, andei para cima e para baixo nas praias do Pacífico, do Atlântico e do Golfo do México, procurando por tesouros trazidos das profundezas dos oceanos. Caminhar ao lado da água respirando o ar salino e fresco é uma experiência curativa e revigorante. Esse exercício maravilhoso traz ainda outro possível benefício: encontrar um ou dois objetos de magia.

Embora tipos diferentes de conchas sejam encontrados em várias partes do país, certos formatos estão espalhados por toda parte, ou podem ser adquiridos em lojas especializadas ou de artesanato.

Como destruir uma vida é contra todos os princípios da magia, use somente as conchas que você encontrar sem criaturas vivas no interior. Muitas vezes tive que deixar uma concha na praia quando descobri que seu ocupante original ainda residia lá.

Como usar Conchas na Magia

Energize a concha segurando-a entre as palmas das mãos. Veja com seu olho mental o efeito que você deseja que ela cause: proteção, amor, purificação, expulsão de pensamentos negativos ou doença, paz. Canalize essa energia gerada pelo corpo e pela mente para dentro da concha.

Depois que ela estiver magicamente energizada, você tem várias opções. Pode jogar a concha no mar para liberar seus poderes; carregá-la com você ou usá-la em volta do pescoço (se a concha for pequena o bastante para isso); colocá-la em um altar perto de velas; enchê-la ou cercá-la de ervas e pedras. Você só estará limitado pela própria imaginação. (Para recomendações de ervas, pedras e cores de velas, veja a tabela no fim deste texto.)

A NATUREZA E O PODER DA TERRA 147

Aqui está uma pequena amostra desses presentes do mar:

Os búzios são encontrados ao redor do mundo em águas mais quentes: ao longo das costas da Califórnia e do México, na Polinésia, na Micronésia e na Melanésia, na Índia, na China e em outros lugares. Um certo formato de búzio era usado como dinheiro na China ainda em 600 A.E.C. Logo eles foram comercializados intensamente pelo globo como um produto valioso. Algumas religiões contemporâneas usam um búzio para representar a Deusa em rituais sagrados, e em certas linhagens da religião iorubá, os búzios são uma ferramenta divinatória altamente estimada. Eles também têm sido usados como símbolos de realeza e dos guerreiros. Em termos de magia, eles são energizados e usados para atrair dinheiro.

As ostras, há muito consumidas para promover estímulo sexual, têm outra função: um pedaço da concha é carregado para garantir sorte. Outra possibilidade é energizar a concha de uma ostra para encontrar alguém com quem compartilhar uma relação amorosa.

As conchas brancas de "moluscos" (bivalves) são comuns nas praias em todo o mundo. Algumas espécies crescem até formarem grandes conchas (o famoso "marisco gigante"). Na magia, são energizadas e usadas em rituais de purificação.

As conchas em formato de cone, das quais existem muitas variedades, podem ser encontradas em praias na Califórnia, no México, nos estados em torno do Golfo, na costa atlântica da Flórida e em outros lugares. Embora a criatura que as habita possa ser bem perigosa quando viva, a concha em si é útil para rituais de proteção.

As conchas abalone são incomuns, mas podem ser encontradas de vez em quando nas praias da Califórnia, do México e do Havaí. Os navajos as usavam cheias de água em rituais para chamar a chuva. Durante muitos verões em Laguna Beach, na Califórnia, coletei dúzias de minúsculas conchas abalones que eram trazidas pelo mar até praias secretas. As cores iridescentes e prismáticas na parte interna das conchas as tornam perfeitas para qualquer objetivo mágico. Encha-as com ervas ou pedras; unte com óleos; carregue ou use uma concha pequena depois de energizá-la com poder.

Os búzios com conchas canhotas, encontrados nas águas do Golfo do México, são ótimos instrumentos para fazer transformações dramáticas na sua vida, tais como abandonar hábitos negativos. Energize o búzio enquanto você se visualiza fazendo essa mudança. (Use as ervas, pedras e velas coloridas listadas abaixo no item "purificação".)

Os caramujos marinhos, tão populares na Flórida, são conchas bonitas e grandes na cor laranja com uma abertura rosa formando uma beirada ondulada. Carregue uma dessas com energias de atração do amor e coloque-a em um lugar importante em seu quarto.

Conchas de oliva, encontradas nas águas do Golfo do México, são calmantes e podem ajudar em curas. Energize e mantenha a concha perto de uma vela azul.

Velas, Pedras e Ervas

Amor: Velas rosa. Pedras: Quartzo rosa, turmalina verde, ametista. Ervas: Lavanda, pétalas de rosa, manjericão.

Proteção: Velas vermelhas. Pedras: Obsidiana, cornalina, granada. Ervas: pimenta-do-reino, hissopo, zimbro.

Purificação: Velas brancas. Pedras: Água-marinha, calcita. Ervas: camomila, cedro, funcho.

Cura: Velas azuis. Pedras: Jaspe sanguíneo, lápis-lazúli. Ervas: sálvia, eucalipto, funcho.

Dinheiro: Velas verdes. Pedras: Aventurina, olivina, jaspe sanguíneo. Ervas: Gengibre, canela, cravo-da-índia.

Feitiços

Os feitiços são os meios pelos quais os praticantes de magia popular obtêm o controle de sua vida. Tais rituais são criados para liberar a energia das próprias pessoas, além de aumentar o poder que naturalmente reside em certos objetos.

Os três feitiços a seguir utilizam instrumentos diferentes e têm objetivos distintos, e ainda assim todos os três possuem um elo em comum: o poder fundamental da natureza e nossa capacidade de acessar essa energia durante os rituais.

Lembre-se de visualizar, criar imagens em sua mente do objetivo de seu feitiço. Se não fizer isso, você estará apenas brincando com pedras, espelhos e ervas.

Um ritual especial também foi incluído aqui. Ele permite ao mago aproveitar as energias da meia-noite antes de realizar qualquer tipo de feitiço.

Feitiço com Noz-Moscada e Espelho para Atrair Dinheiro

Você vai precisar de um espelho quadrado de 20 a 25 centímetros, algumas colheres de chá de noz-moscada em pó, um castiçal, uma vela verde e fósforos.

Após o pôr do sol, reúna os itens necessários em uma mesa ou altar. Desligue todas as luzes artificiais. Sente-se e segure a vela entre as palmas das mãos, sentindo suas energias atrativas de dinheiro. Coloque-a no castiçal e acenda-a.

Ponha o espelho na mesa com o lado refletor virado para cima a pelo menos 30 centímetros de distância da vela. Fite o seu reflexo iluminado pela luz oscilante da vela. Diga algo assim:

Espelho de luz, vidro e metal
Traga-me prosperidade total!

Mire seu reflexo, visualizando-se como uma pessoa financeiramente estável. Permita-se contemplar como serão sua aparência e sentimentos quando tiver o dinheiro de que precisa.

Ainda mirando o seu reflexo, salpique noz-moscada em pó por cima do espelho. Certifique-se de cobrir a maior parte da superfície. Alise com o dedo até que a especiaria esteja espalhada por igual. Feche os olhos e diga essas palavras ou outras parecidas:

Noz-moscada, noz-moscada, sabor e cheiro
Encha minha vida com o que preciso de dinheiro.

Sinta o odor picante energizando o seu corpo. Abra-se para receber valores adicionais e visualize-se como uma pessoa próspera.

Abra os olhos e contemple o espelho coberto de ervas. Usando o dedo indicador de sua mão dominante, desenhe um quadrado de 15 centímetros no espelho, cuidadosamente criando na superfície coberta com noz-moscada um estreito contorno prateado que se destaque no meio da especiaria.

Em seguida, pressione o mesmo dedo no centro do espelho. Deslize-o devagar, em pequenos movimentos circulares de dentro para fora, até que uma área redonda do espelho também não tenha mais noz-moscada.

Observe seu reflexo no espelho (ajuste a distância se necessário). Estenda as duas mãos com as palmas para baixo em cada lado do espelho, visualize com intensidade o dinheiro extra já sendo parte de sua vida, e diga essas palavras ou similares:

Espelho mágico e noz-moscada singular
O dinheiro voará para cá pelo ar.
A prosperidade virá até mim
É meu desejo, então que seja assim!

Permaneça fitando o espelho, sentindo o cheiro da noz-moscada e visualizando.

Depois de alguns minutos (você saberá quando), despeje a especiaria com cuidado do espelho para uma folha de papel. Dobre-a com o tempero dentro e coloque-a em um pote hermético. Limpe o espelho com a mão. Apague a chama da vela com os dedos (ou use um abafador). Guarde a noz-moscada, o espelho, a vela e o candelabro em um lugar seguro até a noite seguinte.

Repita por sete noites seguidas.

Um Cântico da Meia-Noite
para Ampliar o Poder
(Para ser realizado antes de qualquer ritual da meia-noite)

Para melhores resultados, vá para fora de casa no escuro vazio noturno cerca de cinco minutos antes da meia-noite. Fique de pé com as pernas ligeiramente afastadas e levante os braços acima da cabeça. Sinta as energias da noite, tranquilizantes, mas potentes, infiltrando-se em sua consciência, resvalando contra seu corpo, envolvendo-o.

Respire fundo três vezes, escutando, esperando. Olhe para o céu escuro. Se houver lua ou nuvens, observe-as. Acalme-se. Prepare-se.

Abra sua consciência para a realidade viva da noite. Deixe que ela o envolva. Sinta o abraço de suas energias atemporais. Sinta-as transformando você.

Após cerca de cinco minutos, diga as seguintes palavras em voz baixa, sussurrada, para trazer as energias da noite para dentro de si:

Ó estrelas rodopiando no céu acima
Ó poder oculto da luz
Ó ondas sombrias na noite escura
Ó segredos que habitam a noite
Ó tesouros de ébano da Terra entorpecida
Ó forças assombrosas da profundeza
Ó dimensões nebulosas do céu circular
Ó intimidantes esplendores mantidos por vocês
Venham a mim com seu beijo das sombras!
Preencham-me com seu poder místico!
Venham a mim com seu poder misterioso!
Estejam aqui à meia-noite!

Deixe seus braços caírem dos lados.

A NATUREZA E O PODER DA TERRA 153

Não tenha medo. As energias frias da noite não podem e nem vão machucar você. Aceite-as de bom grado. Absorva o poder que as estrelas, o céu e a Terra lhe deram. Sinta a notável mudança que ocorreu dentro de você.

Demonstre sua satisfação ficando de frente para o norte e honrando a direção com as mãos erguidas. Repita o gesto para o leste, o sul e o oeste. De frente para o norte outra vez, levante as mãos bem acima da cabeça, estendendo os braços para a noite, depois se abaixe e toque de leve no chão diante de seus pés.

Chegou a hora. O poder da meia-noite vibra dentro de você. Feitiços positivos de todos os tipos podem ser lançados agora, energizados pelo poder da escuridão.

Um Amuleto de Proteção

Este feitiço deve ser realizado durante o dia quando os raios protetores do sol inundam a Terra com luz. Seu objetivo é proteger você, sua casa e seus entes queridos.

Encha uma banheira. Acrescente ½ xícara de bicarbonato de sódio e ½ xícara de cerveja morna à água. Banhe-se com essa mistura purificante. Em seguida, seque-se e vista-se com roupas limpas (um roupão está ótimo).

(Se não tiver uma banheira, despeje o bicarbonato de sódio em um pano. Ensope-o com a cerveja e esfregue-o no corpo logo após tomar o banho de chuveiro.)

Acenda um incenso de sândalo ou olíbano. E então reúna os seguintes itens em seu altar ou em qualquer mesa:

Um saquinho de tecido branco
1 dente de alho desidratado
3 bagas de zimbro
5 sementes de endro
7 folhas de louro
9 folhinhas de alecrim
1 dente de tubarão fossilizado
1 pequena pedra branca
1 pedaço pequeno de obsidiana
1 cristal de quartzo pequeno
1 magnetita
2 olhos de tigre polidos
1 hematita

Coloque os itens no saquinho, um de cada vez. Enquanto põe cada um, diga:

Força para a minha proteção!

A NATUREZA E O PODER DA TERRA **155**

Quando terminar, segure o amuleto entre as mãos. Pressione as palmas contra ele e diga essas palavras, ou similares:

Alho e frutas; folhas e sementes
Quartzo e fóssil; ímã e dente
Olho de tigre e pedra sangrenta
Cristal forte e erva potente
Protejam a mim e a quem eu desejar
Nesse local, nessa casa, nosso lar.
Envolva-nos como um domo a brilhar,
Do teto ao chão, cuidem desse lugar.
Energizo tudo agora, liberem seu poder!
Esse é o meu desejo, então assim vai ser!

Enquanto segura o amuleto, visualize-o emanando uma luz brilhante roxo-esbranquiçada removedora de toda a negatividade, protegendo sua casa e todos os que nela residem.

Repita esses versos mais duas vezes. Depois da terceira vez, feche o amuleto amarrando a abertura com linha ou barbante vermelho. Leve-o para tomar sol ao ar livre. Deixe que a luz e energia próprias do sol potencializem ainda mais seu amuleto de proteção. Quando o saquinho estiver bem quente, leve-o de volta para dentro.

Mantenha o amuleto de proteção em um lugar seguro da casa, de preferência perto da porta de entrada.

Maneki Neko, o Gato da "Sorte" do Japão

Quase todas as residências e estabelecimentos comerciais do Japão dispõem de uma pequena imagem em cerâmica de um gato com uma pata levantada. Acredita-se que essas figuras de "gatos acenando", chamadas de Maneki Neko e tratadas com muito respeito, tragam sorte, prosperidade e saúde. Elas também são encontradas em cemitérios e em templos. O Maneki Neko é hoje em dia o amuleto mais popular do Japão e serve para vários propósitos.

Esses gatos são encontrados em diversos tamanhos, de 5 a 20 centímetros de altura, e até maiores. Alguns são pintados à mão e outros são cobertos de joias. O aspecto mais importante do gato acenando, contudo, é a sua cor, que define seus efeitos mágicos.

Os gatos brancos atraem todo tipo de sorte e são a forma mais comum. Os pretos protegem de doenças e de todos os problemas de saúde, enquanto os lustrosos gatos dourados abrem a porta para a prosperidade. A pata levantada convida as energias a entrarem.

Tais figuras de gatos às vezes são vistas em negócios pertencentes a japoneses nos Estados Unidos, ao passo que no Havaí estão presentes na maioria das lojas e casas. De uma abarrotada e perfumada feira livre no bairro de Chinatown em Honolulu a uma luxuosa joalheria nas proximidades de Diamond Head, o Maneki Neko fica perto da caixa registradora, atraindo clientes e vendas.

O poder de trazer sorte do Maneki Neko não tem uma explicação clara. Em uma das versões de sua origem, ela seria uma gata cativante que atraía crianças desobedientes para as garras de um antigo feiticeiro, Tokai-di, que logo comia os pequenos transgressores. Isso com certeza justificaria seu poder de atração, mas não explica a associação à sorte, ao dinheiro e à boa saúde.

Contudo, os gatos têm um papel antigo e importante na história da Ásia. Apesar da presença de alguns felinos assustadores entre as crenças do Japão, da China e da Coreia, na maioria das vezes eles são considerados guardiões benéficos dos seres humanos.

Os gatos foram vistos com muito respeito em navios japoneses. Acreditava-se que um gato de três cores (vermelho, preto e branco) era capaz de prever tempestades no mar. Quando uma se aproximava, o gato subia no mastro e protegia o navio das almas dos que haviam morrido no mar e vagavam para sempre nas ondas.

Também se afirmava que algumas pinturas de gatos tinham o poder de afastar ratos e camundongos dos templos e casas onde eram colocadas, mesmo que não houvesse um gato de verdade lá.

Talvez a mais tocante história sobre gatos do antigo Japão seja a de um idoso vendedor de peixes. No início do século xix, ele ficou doente e, como não conseguia trabalhar, logo ficou necessitado. Um gato assumiu a forma humana e deu ao mercador duas moedas de ouro em agradecimento aos anos de gentileza magnânima do homem: ele nunca deixou de oferecer ao gato alguns restos de peixe quando ia à casa do dono do animal. Embora o gato tenha sido morto pelo dono, em um ato impensado, por roubar moedas de ouro, quando ele escutou a história do vendedor de peixes, enterrou o felino em um templo e honrou-o como ele merecia.

Em histórias como essa, e na do Maneki Neko, o gato ainda detém um firme lugar de honra no Japão.

Cultura
e Tradições
Ancestrais

A Magia no Havaí

Há um antigo templo situado a dezenove esburacados quilômetros da Highway 11, na Ilha do Havaí. Ali, naquele pedaço isolado de terra conhecido com Ka Lae, fica Kalalea Heiau. Os pescadores que ainda trabalham nessas águas deixam oferendas para as divindades havaianas na estrutura de pedra de lava.

Muitos anos atrás, o roseiral Kapiolani Garden, perto de Diamond Head, na Ilha de Oahu, estava sofrendo uma onda de roubos. Os turistas estavam pegando as flores, e arbustos inteiros de rosas estavam sendo levados. Quando Charles Kenn, um renomado *kahuna*, foi chamado para protegê-las, os roubos pararam.

Muitos alunos de hula fazem peregrinações a um templo situado na rochosa costa Na Pali, em Kauai. Lá, eles oferecem *lei* floridos (os tradicionais colares havaianos) para Laka, a deusa da hula.

No pontal de Halemaumau, o domínio vaporoso e sulfuroso da semideusa Pele em Kilauea, no Havaí, inúmeras oferendas são deixadas por seus adoradores. Pedras vulcânicas embrulhadas em folhas, frutas vermelhas de *ohelo* (um parente próximo da *cranberry*), incenso e outras oferendas são colocadas lá ou jogadas dentro da cratera. Durante erupções, como as que consumiram parte da subdivisão de Royal Gardens, os proprietários de casas que tinham invocado Pele reportaram que elas foram poupadas da fúria da sua lava.

Há quem diga que os havaianos se esqueceram de suas antigas formas de adoração e magia, que eles não rezam mais para Kane pedindo chuva, que não mais veem Hina na Lua Cheia ou Pele nas piras de fogo dançantes. Algumas pessoas afirmam ainda que a magia do Havaí está morta há muito tempo, enterrada sob 150 anos de domínio ocidental, conversão religiosa e toneladas de concreto. Os visitantes chegando pela primeira vez no Aeroporto Internacional de Honolulu são levados a acreditar em tais declarações. O longo percurso entre o aeroporto e Waikiki passa por ferros-velhos, densas áreas industriais e armazéns degradados. A própria praia brilha com areia cuidadosamente importada e arrumada, quase engolida por hotéis multimilionários.

Mas acima de Honolulu, em Tantalus Heights, está o Keaiwa Heiau. Hoje um parque estadual, esse antigo templo de cura ainda é visitado pelos doentes que deixam oferendas entre suas pedras. Esta é a inscrição em uma placa:

Um templo com poderes revigorantes que, segundo a crença, era um centro onde o havaiano Kahuna Lapa'au, ou médico herborista, praticava a arte da cura. As ervas que crescem nos jardins próximos eram manipuladas e prescritas com preces.
Comissão de Lugares Históricos

A vinte ou trinta minutos de distância em Wahiawa, no centro da ilha, estão as *pohaku*, pedras com poder de cura.

A maioria dos havaianos hoje é de origem religiosa "convencional". Os missionários, que chegaram em 1820, encontraram o povo pronto para a nova religião. Os mórmons fizeram grandes incursões e seu Centro Cultural Polinésio, localizado em Laie, na Ilha de Oahu, é a atração mais visitada do estado.

Mesmo assim, as formas mais antigas de existência nessas ilhas — a reverência à Terra, ao mar, ao céu, à água e às plantas — permanecem. Em 1984, uma botânica me contou que reza para Ku por proteção enquanto faz trilhas nas montanhas. As pessoas agradecem às divindades tradicionais antes de colherem flores e folhagens para a confecção de colares. Os pescadores ainda prendem folhas de *ki* aos seus barcos antes de partirem para o mar.

Muitas pessoas de ascendência havaiana ainda plantam dracenas e plantas *ki* do lado de fora de suas casas para obter dinheiro e proteção, respectivamente. Quando o chão é escavado para dar lugar a uma nova construção, com frequência um *kahuna* é chamado para abençoar a área com sal, água e uma folha de *ki*. A importância desse último ritual é confirmada por inúmeras histórias de acidentes e estranhos acontecimentos em canteiros de obras nos quais ele *não foi* realizado: operários morrem, a terra em si afunda, pesados equipamentos de terraplanagem são encontrados tombados de manhã.

Os *kahuna* são provavelmente o aspecto menos compreendido do Havaí antigo. Diversos livros foram escritos sobre eles. A maioria é contraditória e pouco reflete a realidade. Um desses livros parece combinar as lembranças de uma excursão da Pleasant Hawaiian Holidays, uma pesquisa falha e algum trabalho de detetive mediúnico.

Os *kahuna* eram e são os guardiões do segredo. Esses homens e mulheres eram especialistas em diversos campos. No mundo de hoje, uma pessoa com doutorado em psicologia é um tipo de *kahuna*, assim como um mestre escultor, um meteorologista qualificado, um curandeiro milagrosamente bem-sucedido, um engenheiro e um médium bem-treinado.

Havia *kahunas* especializados em magia do amor, em navegação, em divinação, na construção de canoas e casas, em rezar. Longe de serem as criaturas malignas e assustadoras que os missionários descreviam, os *kahunas* eram mestres respeitados.

Um dos mais conhecidos *kahunas* contemporâneos descreve sua área como prática de magia, ciências e filosofia. Eles não são meros magos. Diversos livros recentes descreveram *huna* como um sistema puramente psicológico. Eles são baseados nos trabalhos de Max Freedom Long, um pesquisador que, através da investigação do idioma havaiano, procurou decifrar o que ele considerava ser o "código huna". Infelizmente, Long nunca falou com um *kahuna*, embora eles estivessem por perto. Seus livros, e os que foram baseados neles, são lamentavelmente incompletos.

Qual é o coração do antigo Havaí? Deve estar na visão de divindade de seu povo. Todos os seus rituais de veneração, templos e práticas mágicas derivam das relações dele com as forças da natureza.

Suas divindades, as personificações do vento, da Terra, da atividade vulcânica, dos peixes, das aves e de todas as outras características da cadeia de ilhas foram concebidas como sendo *reais*, tão reais quanto as de qualquer outra religião e talvez ainda mais, pois as formas terrenas de seus deuses estavam por toda parte. Nenhum aspecto da vida deixava de ter um impacto religioso. Os pescadores rezavam para Ku'ula por boas pescas; as plantas medicinais eram colhidas com orações para Hina e Ku; todo o plantio, a colheita e a alimentação eram acompanhados por rezas. Os nascimentos e mortes, a construção de casas, os esportes de todos os tipos, até mesmo o combate: tudo era supervisionado e fortalecido pelas divindades.

Nenhuma divindade era venerada acima das outras e nem por todas as pessoas o tempo todo. Assim como no Antigo Egito, certos deuses e deusas ficavam em alta e em baixa. Pequenas áreas geográficas cultuavam divindades desconhecidas por quem era de fora. Os próprios havaianos descrevem, nas preces que foram preservadas, os 4 mil, os 40 mil e 400 mil deuses.

Pele talvez seja a mais famosa para quem é de fora e, mesmo assim, ela não era bem uma deusa. A mulher do fogo, que mora em Kilauea, na Ilha do Havaí, é a *kupua*, ou semideusa, que criou as próprias ilhas por meio de atividade vulcânica. Procurando um lar para ela mesma e seus irmãos e irmãs, Pele cavou covis para seu fogo onde não havia água subterrânea. Por outro lado, ela criou as ilhas, de Niihau até a Ilha do Havaí, onde ela ainda vive. Em Kauai, duas cavernas perto de Haena ainda podem ser vistas. Elas representam tentativas anteriores da busca de Pele por uma casa.

Pele não foi esquecida pelo povo havaiano. Como mencionado acima, ainda lhe dedicam muitas oferendas, e são comuns as histórias de suas aparições no fogo, na fumaça e na névoa durante as erupções. Comenta-se também que ela se exibe como uma linda jovem ou uma mulher velha e enrugada. Muitos motoristas já reportaram ter dado carona a uma mulher na beira da estrada. Em instantes, ela desaparece do banco do carro. Essa é Pele.

Embora a semideusa seja o espírito dos vulcões, ela não é um ser colérico. Muitos a veem como uma verdadeira deusa mãe, que continua a criar terra nova quando a lava alcança o mar, aumentando o tamanho da Ilha do Havaí. E diferente das erupções vulcânicas na maior parte do mundo, as de lá oferecem pouco perigo à vida humana.

Há muitas outras divindades havaianas:

Kane é visto na luz solar, na água fresca, nas criaturas viventes e nas florestas. Alguns mitos lhe dão o crédito de ter criado o universo. Formas terrenas de Kane incluem *ko* (cana-de-açúcar) assim como a bela *ohia lehua*, uma árvore que exibe emplumadas flores vermelhas.

Lono é o deus da agricultura, da fertilidade, dos ventos, das águas que jorram e da chuva. E ainda preside muitos esportes. Em seu *heiau*, espécie de templo ou local sagrado, as pessoas rezavam pedindo chuva e ricas colheitas, e lhe ofereciam plantas e porcos. Todos os havaianos dependiam de seu provimento. Ele é visto na árvore *kukui*, cujas nozes no passado eram transformadas em luminárias e agora são utilizadas para produzir colares duráveis. As outras formas antigas de Lono incluem o *'ualu* (batata doce) e as folhas de *kalo*. Da raiz do *kalo* (taitiano: *taro*) é feito o *poi*.

Ku é o famoso deus da guerra dos antigos havaianos, o poder gerador masculino. Era nos seus templos que os sacrifícios humanos ocorriam. *Kuka'ilimoku*, uma das muitas formas de Ku, tornou-se famosa por determinação do rei Kamehamha I. Uma imensa estátua de madeira de Kuka'ilimoku pode ser vista no Bishop Museum, em Honolulu. Outras aparências de Ku (todas as divindades têm muitas) incluem *Ku'ula*, o deus dos pescadores. As formas terrenas de Ku incluem o falcão.

O sacrifício humano precisa ser mencionado em qualquer narrativa sobre os antigos havaianos. Com certeza, parece bárbaro aos nossos olhos, mas era um ato cerimonial importante em certas épocas. Há especulações de que a prática tenha sido introduzida no Havaí vinda de fora das ilhas. (Antes de balançarmos a cabeça horrorizados, vamos nos lembrar de nossa própria forma de sacrifício humano, a execução de prisioneiros que receberam pena de morte. Será que somos muito diferentes dos antigos havaianos?)

Hina é vista no sol poente, assim como na lua. Ela rege os corais, as criaturas espinhosas do mar, as algas marinhas e as florestas frias. As mulheres que transformam cascas de árvores em tecidos conhecidos como *kapa* (*tapa* em todos os outros lugares do Pacífico) rezavam para Hina.

Talvez cause surpresa que Poliahu tenha sido venerada pelos antigos havaianos, sendo ela uma deusa da neve. Contudo, Mauna Kea, um dos grandes vulcões que formam a Ilha do Havaí, com frequência fica coberto de neve. É onde mora a linda deusa.

Laka supervisiona a hula, que era originalmente tanto uma dança sagrada praticada pelas divindades e pelos *ali'i* (chefes) quanto uma atividade secular para pessoas comuns. A deusa é representada nos altares de hula por um bloco de madeira embrulhado com tecido kapa. Diversas plantas, em especial as samambaias, são sagradas para ela.

Há muitos outros deuses e semideuses, tais como Maui, o malandro havaiano que, entre outras façanhas, pescou as ilhas do fundo do mar com seu anzol mágico, o qual ainda pode ser visto no céu do Havaí, formado por estrelas. Kamapua'a, um semideus que aparecia sob várias formas, incluindo a de um porco, tinha um caso de amor tempestuoso com Pele. A mitologia (literatura sagrada) do Havaí é cheia de paixão, aventura, amor e magia. É leitura obrigatória para qualquer um que deseje entrar na consciência havaiana antiga.

Como vimos, as tradições do passado ainda persistem no Havaí. Quando foi proposto explorar um córrego do vulcão Kilauea com a finalidade de produzir energia geotermal, as sacerdotisas de Pele protestaram de imediato, declarando que ela ainda vive em todas as partes da cratera e que o projeto não seria nada mais do que vender parte de seu corpo. Para

CULTURA E TRADIÇÕES ANCESTRAIS 167

desgosto das sacerdotisas, elas perderam e os planos prosseguiram. O dinheiro venceu as antigas tradições, como acontece com frequência.

Ainda existe magia no Havaí? Sim. Está lá no chão. No ar. No canto dos pássaros. No farfalhar das plantas. No som da água descendo a encosta de um vulcão. No nascer do sol em Haleakala. Nas praias de areia preta, branca e verde. Nas ondas estrondosas.

Mana, o conceito havaiano para a energia natural que reside em todas as coisas, permeia a própria rocha sobre a qual essas ilhas estão formadas. A energia vital é tão vibrante lá que quem é sensível consegue senti-la na brisa ao desembarcar de um avião no aeroporto.

Sim, a magia do Havaí ainda vive em seu povo e na terra em si. Está lá, esperando, pronta para revelar seus segredos para qualquer pessoa que busque com a mente e o coração abertos.

E está viva!

Leitura Recomendada

Beckwith, Martha. *Hawaiian Mythology*. Honolulu: University Press of Hawaii. 1979.

Cox, J. Halley, and Edward Stasack. *Hawaiian Petroglyphs*. Honolulu: Bishop Museum Press, 1970.

Malo, David. *Hawaiian Antiquities*. Honolulu: Bishop Museum Press, 1971.

McDonald, Marie. *Ka Lei: The Leis of Hawaii*. Honolulu: Topgallant/Press Pacifica, 1985.

Mitchell, Donald D. Kilolani. *Resource Units in Hawaiian Culture*. Honolulu: The Kamehameha Schools Press/Bernice P. Bishop Estate, 1982.

Stone, Margaret. *Supernatural Hawaii*. Honolulu: Aloha Graphics and Sales, 1979.

Antigos Oráculos Gregos

Embora houvesse três grandes oráculos na Grécia Antiga — Trofônio, Dodona e Delfos —, este último é o mais lembrado hoje.

O âmago desses lugares sagrados de previsão era a Pitonisa, a sacerdotisa que fazia os pronunciamentos místicos. Nos primórdios, ela era escolhida de acordo com sua juventude, beleza e origem nobre. Entretanto, quando uma Pitonisa foi seduzida e levada embora por um belo tessálio, algumas mudanças foram realizadas.

Daí em diante, a Pitonisa passou a ser uma mulher de cerca de 50 anos de idade e de proveniência familiar obscura. Devido à essa origem desonrosa, ela em geral não tinha instrução. Por mais jovem ou velha que fosse, a sacerdotisa permanecia celibatária enquanto durassem suas obrigações.

Antes de fazer declarações oraculares em Delfos, a Pitonisa era purificada em um riacho, vestida com um manto e coroada com folhas de louro. Seus sacerdotes a acompanhavam para dentro do ádito, a câmara subterrânea do Oráculo de Delfos. Lá ela ficava sentada em um tripé ao lado de um rio que corria pelo local.

Ela com certeza inalava as fumaças sulfurosas que saíam das rachaduras do chão da caverna e depois se preparava mastigando folhas de louro (que julgavam ter efeito alucinógeno). As folhas também eram defumadas na caverna.

Do lado de fora do ádito, o cliente que chegava para buscar conhecimento fazia oferendas com bolos ritualísticos, tesouros de ouro e trabalhos artísticos (que sustentavam o templo), e sacrificava uma ovelha ou cabra no fogo. Uma vez que isso tivesse sido feito, ele era levado pelos sacerdotes do templo ao santuário, mas bem longe da Pitonisa, para que a presença deles não a perturbasse.

A questão era posta à sacerdotisa. Ela então entrava em um estado de êxtase: o peito arfando, os olhos brilhando, ela arrancava os cabelos e tremia com violência. Depois, enfim, murmurava algumas palavras, que eram devidamente registradas por seus sacerdotes assistentes.

Eles eram de extrema importância, pois as profecias da Pitonisa costumavam ser expressas em termos tão indecifráveis que era necessária uma interpretação. O processo terminava quando o sacerdote escrevia a profecia e a entregava ao consulente.

Por mais de mil anos, o Oráculo de Delfos atendeu às necessidades de dezenas de milhares de pessoas ansiosas por um vislumbre do futuro. No início, a Pitonisa aparecia apenas uma vez por ano, no sétimo dia do mês bísio (correspondendo de forma aproximada ao nosso fevereiro-março), data bastante esperada por reis e pela alta sociedade.

Logo, entretanto, a demanda cresceu tanto que os oráculos passaram a ser abertos uma vez por mês. Duas ou até três Pitonisas ficavam a postos em cada santuário, e ainda assim ficavam sobrecarregadas com a quantidade de pedidos.

Embora apenas os mais ricos pudessem consultar essas mulheres místicas, leituras oraculares coletivas também eram realizadas a cada ano. De acordo com antigos registros, a Pitonisa se sentava nos degraus que levavam ao templo e, em plena luz do dia, respondia às perguntas da população.

O curioso é que não era permitido às mulheres (salvo pela Pitonisa) entrarem no templo para consultar o oráculo. Elas eram obrigadas a enviar amigos homens para fazer as perguntas em seu lugar.

Não nos surpreende que a maioria das profecias se provou verdadeira, embora o inquiridor muitas vezes interpretasse mal as traduções do sacerdote.

O filósofo Cícero, um famoso cético, declarou: "O Oráculo de Delfos nunca teria ficado tão sobrecarregado, com tantas oferendas importantes dos monarcas e das nações, se todas as épocas não tivessem provado a veracidade de suas profecias".

Embora Delfos fosse justificadamente famoso, os outros dois oráculos eram mais obscuros. Dodona consistia em um santuário perto de uma floresta de carvalho sagrada. A Pitonisa ia até um carvalho profético na margem de um rio, ficava de pé sob ele e escutava o som das folhas se mexendo ou do riacho (que afluía de uma nascente perto). Cada som possuía um significado separado, distinto (registrado em um livro), o que levava à resposta do inquiridor.

O terceiro oráculo, conhecido como Trofônio em homenagem ao arquiteto de Delfos, era fisicamente similar ao seu contraparte mais famoso, mas consultá-lo era uma experiência assustadora. À noite, o consulente descia uma escada, atravessava um túnel comprido e estreito contorcendo-se, os pés primeiro, e depois se sentava em alguma espécie de dispositivo que o carregava com rapidez cada vez mais para dentro da terra.

Durante todo esse árduo processo, ele era forçado a carregar um bolo de mel em cada mão. Se falhasse, a consequência era a morte. Se sobrevivesse a isso, ele tinha permissão para ouvir as palavras da Pitonisa.

Os oráculos da Grécia Antiga eram importantes centros políticos e sociais, e o fenômeno de líderes mundiais consultando videntes persiste.

Zeus Nos Ajude

Espirrar é uma de nossas ações involuntárias mais misteriosas. O fato de que os espirros acontecem em geral sem aviso, e raramente podem ser abafados, fez com que fossem utilizados como oráculos do futuro.

Do período clássico à Idade Média, os espirros eram considerados presságios. Espirrar para a esquerda (sentir o espirro emanando daquele lado, por exemplo) era um sinal de azar. Para a direita, um bom presságio. Espirrar no início do dia era favorável; mais tarde e à noite, desfavorável.

Além disso, um espirro também podia ser um exorcismo automático, marcando a retirada de um espírito maligno, que podia então causar danos a outras pessoas perto de quem espirrou. Para impedir tais problemas, os gregos diziam "Zeus nos ajude!" quando alguém espirrava.

Espirrar provoca votos similares em todas as partes do mundo, muitas vezes invocando divindades ou saúde para evitar o possível perigo. Os alemães podem dizer *"Gesundheit"* ("Saúde!"). Alguns povos falantes de inglês invocam seu conceito de deus para *"abençoar"* o dono do espirro, enquanto os antigos havaianos declaravam *"Kihe, a Mauliola."* ("Espirre, e sua vida será longa.") Conexões entre os espirros e as divindades são comuns; Aristóteles chegou a escrever: "Consideramos espirrar uma coisa divina".

Entre os dias afortunados para espirrar estão a véspera de Ano Novo e o primeiro dia do ano. Acredita-se que quem espirrar nessas datas terá muita sorte no ano que começa.

Hécate

Hécate é talvez a mais famosa das divindades gregas associadas à magia. De acordo com a tradição, ela era filha de Zeus e Deméter, ou Perses e Astéria, ou Zeus e Hera. Embora sua origem não seja clara, é bem provável que Hécate era uma titã de origem trácia.

Desde os primórdios ela regia a lua, a Terra e o mar. Entre suas bênçãos estavam a riqueza, a vitória e a sabedoria, além de caça e navegação bem-sucedidas; porém, eram conferidas apenas aos mortais que as merecessem.

Ela era a única titã que conservava seus poderes mesmo sob a mão de ferro de Zeus, e era honrada por todos os deuses imortais. Até participou na guerra contra os Gigantes. Com o tempo, seu poder cresceu tanto que ela foi associada a muitas outras deusas: como rainha da natureza, foi identificada com Deméter, Reia e Cibele; como caçadora, protetora da juventude e deusa da lua, com Ártemis.

Mais tarde na história da Grécia foi dito que Hécate era a única divindade (além de Hélio) que testemunhou o rapto de Perséfone. Ela deixou sua caverna e, com uma tocha na mão, ajudou Deméter em sua busca.

Quando Perséfone foi encontrada, Hécate permaneceu como sua companheira. Em razão disso, ela adquiriu poderes formidáveis no mundo inferior, e se tornou uma deusa de purificação e proteção, acompanhada por seus cães.

Hécate é mais lembrada hoje em dia como uma deusa sombria, que à noite enviava demônios e fantasmas; que ensinava magia e feitiçaria a mortais corajosos; que vagava com as almas dos mortos depois de escurecer. Sua aproximação era sempre anunciada pelos gritos e uivos dos cães. Apesar disso, ela também era invocada para proteção e era imensamente amada.

Sua casa é descrita de variados modos: como uma caverna, entre tumbas, perto de encruzilhadas ou à vista de um lugar onde houve derramamento de sangue durante um assassinato. Às vezes Hécate é representada como uma mulher normal; em outras, como alguém possuindo três cabeças.

O culto à deusa ocorria em diversas partes, em especial na Samotrácia, Egina, Argos e Atenas, onde era honrada em um santuário perto da Acrópole. Em Atenas, muitas casas exibiam pequenas estátuas de Hécate, tanto do lado de dentro como no de fora. Essas imagens também eram colocadas em cruzamentos, e há especulações de que essas Hecataea (imagens de Hécate) eram consultadas como oráculos. Ao fim de cada mês, seus adoradores dispunham pratos de comida para ela em encruzilhadas. Jovens ovelhas negras ou cor de mel estavam entre os sacrifícios que lhe eram oferecidos. Hécate, então, é uma deusa complexa: provedora de riqueza e sorte, e senhora da feitiçaria. Ainda no início do século XVII, Shakespeare incluiu Hécate em *Macbeth*, e ela permanece venerada hoje em dia por aqueles que não temem seus poderes fantásticos.

As Aves das Divindades

As aves há muito são vistas como mensageiras dos deuses e deusas. Sua velocidade, evidente inteligência, e, em geral, belas formas, somada à sua capacidade de voar, levaram à sua conexão íntima com o divino no mundo todo.

Com frequência, as aves foram vistas como portadoras de mensagens das divindades. Muitas culturas as conectam com a alma humana, e a expressão popular "um passarinho me contou" deriva de crenças antigas de que as aves conseguiam se comunicar com os seres humanos e transmitir informações importantes.

Algumas das aves associadas a deidades estão listadas a seguir:

Apolo (Deus grego das artes, da cura e da luz): Corvo, gralha, falcão, cisne

Atena (Deusa grega da sabedoria, do aprendizado e da guerra): Corvo, coruja.

Brahma (Deus criador hindu): Ganso

Eros (Deus grego do amor): Ganso

Hera (Deusa grega do parto, da casa e do casamento): Corvo, ganso

Hórus (Deus Sol egípcio): Falcão, águia

Ishtar (Deusa babilônia do amor e da fertilidade): Pomba

Ísis (Divindade suprema egípcia): Ganso

Juno (Deusa romana do casamento, da casa e do parto): Ganso, pavão

Júpiter (Divindade suprema romana): Águia

Kami (Deus hindu do amor): Pardal

Kane (Deus havaiano da água fresca, da luz do sol, dos ventos e da procriação): Coruja

Ku (Deus havaiano da pesca, da guerra e da feitiçaria): Falcão

Lilith (Deusa mesopotâmica da noite, do mal e da morte): Coruja

Ma (Deusa mãe egípcia): Abutre

Maat (Deusa egípcia da verdade): Avestruz

Minerva (Deusa romana da sabedoria): Coruja

Nekhbet (Deusa mãe egípcia; deusa do mundo inferior): Abutre

Osíris (Deus egípcio dos mortos, da ressurreição e da agricultura): Garça

Peito (Deusa grega da persuasão): Ganso

Príapo (Deus romano da fertilidade): Ganso

Ra (Deus Sol egípcio): Falcão, ganso

Thoth (Deus egípcio da aprendizagem e da escrita): Íbis

Valquírias (Deusas nórdicas que selecionavam quem morreria em batalha): Corvo

Vênus (Deusa romana do amor): Pomba, ganso, andorinha

Yama (Deus hindu dos mortos): Coruja, pombo

Zeus (Divindade suprema da Grécia Antiga): Águia, cisne, pombo

Íris: Deusa do Arco-Íris

Os arcos multicoloridos que aparecem no céu durante ou depois da chuva há muito cativam a imaginação. Os Arco-Íris são, por sua natureza, coisas intangíveis e fugazes, detentoras de magia e mistério. Eles desempenharam um papel importante em moldar nossa consciência mística e têm sido associados de forma íntima com crenças religiosas há milhares de anos.

A mais importante divindade do arco-íris é Íris, a grande e gentil deusa da paz. Seu nome significa tanto "a mensageira" quanto "eu integro", ambos sugerindo que a deusa é a conciliadora ou a mensageira das divindades, a restauradora da paz à natureza (assim como um arco-íris costuma indicar o fim da uma tempestade).

Íris era filha de Electra e irmã das Hárpias. Ela era uma das emissárias divinas que levavam notícias do Monte Ida ao Monte Olimpo, de divindade para divindade, e dos deuses para os humanos. Seu compromisso principal era servir a Hera e Zeus, mas até Aquiles certa vez pediu sua ajuda para chamar os ventos. Entretanto, Íris não atendia apenas ao comando divino: ela também oferecia assistência por iniciativa própria.

Sua conexão íntima com o arco-íris se deve pois era a única estrada por onde ela viajava. Portanto, ele surgia ao seu comando e desaparecia quando não era mais necessário. Nos primórdios da concepção religiosa grega, o arco-íris era visto como o "mensageiro veloz" das divindades, mesmo antes de se tornar associado a Íris em particular.

Nenhuma estátua de Íris foi preservada. Mesmo assim, representações habituais dessa divindade em vasos e em baixo-relevo revelam sua forma.

Com frequência, ela é representada como uma bela mulher, em geral, vestida com uma túnica ampla e comprida coberta por uma veste mais leve. Com um par de asas brotando de seus ombros, ela carrega um cajado de mensageira na mão esquerda. Um arco-íris forma um semicírculo sobre sua cabeça.

Algumas representações a retratam voando, com asas abertas tanto em seus ombros quanto em suas sandálias. Enquanto voa, ela carrega o cajado e um jarro.

Pouco se sabe hoje sobre o culto a Íris. Ele parece ter se centrado na Ilha de Delos, onde seus adoradores faziam oferendas de bolos feitos de trigo, mel e figos secos.

Os moradores de Delos aparentemente tinham grande estima pela ajuda de Íris. Em uma ocasião, Leto, que estava em trabalho de parto em Delos para dar à luz Apolo e Ártemis, teve o parto atrasado em nove dias por obra de Hera. Os habitantes do local prometeram a Íris um colar de ouro e âmbar de nove côvados de comprimento se ela fosse até lá para ajudar no parto. Ela foi, e tudo correu bem.

Embora pouco se saiba sobre Íris hoje em dia, seu símbolo ainda brilha nos céus da Grécia após as tempestades, e talvez ela ainda percorra os degraus multicoloridos até o Monte Olimpo para reportar as atividades do mundo abaixo.

Tudo que seu coração desejar
Em palavras de fogo é preciso grafar.
Reparta ao meio a maçã sagrada
Coloque o desejo entre as duas metades.

Sele com gravetos de um pinheiro
Ponha no forno até secar por inteiro.
Durma durante a noite ou durante o dia
Até a sorte lhe chegar com alegria.

Antigo Incenso Egípcio

Poucas culturas valorizavam as fragrâncias tanto quanto os antigos egípcios. Eles massageavam o corpo e o cabelo com óleos aromatizados, tomavam banho com água perfumada, inalavam os aromas das flores durante os banquetes e colocavam cones de cera perfumada na cabeça para que a fragrância fosse liberada quando a cera derretesse em suas perucas. Até a comida era perfumada, e os banquetes eram realizados com frequência em salas cheias de pétalas de rosas espalhadas.

Os incensos também eram amplamente usados na magia e na religião egípcia. O mais famoso material de incenso egípcio, o olíbano, era apenas um dos ingredientes, tão agradáveis quanto estranhos, queimados em receptáculos de fogo.

Muitos antigos incensos egípcios não podem ser feitos hoje, pois contêm ingredientes não identificáveis. Ainda assim, algumas fórmulas completas foram preservadas.

Um incenso para todos os propósitos de divinação era feito de olíbano, cera, estoraque, terebintina e pedra datada. Todos os ingredientes eram triturados com vinho, modelados em uma esfera e queimados no fogo.

Para reunir com rapidez os espíritos, a fim de responderem a perguntas durante uma sessão de divinação, queime caules de anis e casca de ovo de crocodilo.

Outras fórmulas simples incluem: bile de crocodilo e mirra, queimados para "trazer os deuses pela força", e açafrão e alúmen, queimados para "revelar um ladrão".

Antigo Feitiço Egípcio Para Curar uma Mordida de Cachorro

Pouco se sabe sobre a magia popular no Antigo Egito. Embora tenhamos registros de rituais oficiais, não há muitos referentes à magia simples do povo.

Uma das poucas fontes desses trabalhos está registrada no que é hoje conhecido como Papiro de Leiden. Esse papiro, encontrado em Tebas no início do século XIX, provavelmente foi escrito por volta do ano 300 E.C. Embora seja recente, carrega pouca influência grega e/ou cristã.

O escriba não identificado elaborador desse papiro de quase 5 metros não criou os rituais; ele apenas os copiou de outros escritos. Portanto, tudo indica que essas informações datam de cem a duzentos anos antes da compilação, ainda dentro do período grego no Egito, porém mais perto da cultura egípcia mais pura.

O papiro é uma coleção variada de feitiços. Diversas seções descrevem métodos de divinação, em geral envolvendo um "garoto puro" (que é preparado em ritual para ver os espíritos). Outras incluem receitas eróticas, curas para uma variedade de enfermidades, alguns feitiços "para criar loucura" e coisas do gênero. Um desses feitiços é assim:

Feitiço Falado Para Mordida de Cachorro

"Eu venho de Arkhah, minha boca cheia do sangue de um cachorro preto. Eu cuspo o... de um cachorro. Ó, esse cachorro, que está entre os dez que pertencem a Anúbis, o filho de seu corpo, extraia seu veneno, remova sua saliva de mim outra vez. Se você não extrair seu veneno e remover sua saliva, vou levá-lo para a corte do templo de Osíris, minha torre de vigia. Vou fazer para você o *parapage* dos pássaros, como a voz de Ísis, a feiticeira, a senhora da feitiçaria, que encanta tudo e não é encantada, em nome dela, de Ísis, a feiticeira."

Após isso, triture alho misturado com *kmou* (planta não identificada) e coloque no machucado da mordida do cachorro. Entoe o feitiço todos os dias até sarar.

Uma Antiga Forma de Divinação

Os homens inventaram muitos métodos engenhosos de ver o futuro. Grãos de café e bolas de cristal, cartas de tarot e pêndulos, observação dos movimentos dos animais, o formato das nuvens e as ondulações na água são apenas algumas dessas técnicas.

Uma forma de divinação menos conhecida, de origem incerta, requer ferramentas simples: uma peneira (ou um coador), sete pequenas conchas bivalve (marisco), um feijão preto e um feijão branco.

Para usar o oráculo, coloque todos os itens na peneira. Balance sete vezes, da esquerda para a direita. Pare e observe o seguinte:

- A posição das conchas em relação aos feijões

- O número de conchas viradas para cima (isto é, com a superfície convexa voltada para cima) ou para baixo (o lado côncavo voltado para cima)

Aqui estão algumas previsões possíveis:

- 4 a 7 conchas, lado côncavo para cima, perto do feijão branco: sorte, sucesso, vida longa, relacionamento gratificante

- 4 a 7 conchas, lado convexo para cima, perto do feijão branco: acidente ou doença

- 4 ou 7 conchas, lado côncavo para cima, perto do feijão preto: um período de sorte interrompido por atribulações

- 4 a 7 conchas, lado convexo para cima, perto do feijão preto: problemas com dinheiro ou negócios

- 4 conchas, lado côncavo para cima, formando um círculo perto do feijão branco: uma herança, sorte inesperada

- 4 conchas, lado côncavo para cima, formando um círculo perto do feijão preto: tristeza

- 3 conchas, lado convexo para cima, formando um triângulo perto do feijão branco: os desejos se realizarão

- 3 conchas, lado côncavo para cima, formando um triângulo perto do feijão preto: concentre-se no presente

- Qualquer número de conchas, qualquer lado para cima, formando uma cruz perto do feijão branco: tristeza

Nota: Todas essas ferramentas de divinação podem ser eficazes apenas se conectadas à mente psíquica. Do contrário, são apenas brinquedos. Se esse formato não combina com você, procure outro. Muitos encontraram sua ferramenta perfeita de divinação no tarot, outros no pêndulo, nas runas ou no I Ching.

A ferramenta não é tão importante quanto o efeito que ela tem sobre você, então escolha-a com cuidado.

O Homem da Lua

Na noite da Lua Cheia, quando o globo cintilante subir com lentidão no horizonte leste, olhe para a sua face. As áreas escuras da superfície da lua contêm uma imagem. Qual é a figura?

As pessoas na China, no Japão, no Tibet, na Índia, no México, no Leste Europeu e em outros lugares veem um coelho. Muitas histórias ainda são contadas sobre como o animal saltou até a lua e fez sua residência na superfície fria.

No Havaí e em toda a Polinésia, acredita-se que a lua seja habitada não por um coelho (uma criatura desconhecida), mas por uma deusa, Hina. No Havaí, Hinaikamala (Hina da lua) ficou cansada de tanto fazer tecido de casca de árvores; então ela pegou seu *ipu* (um recipiente feito de cabaça) e subiu "pelo caminho do arco-íris" até o sol. Achando sua nova casa quente demais, resolveu ir para a lua, e ainda pode ser vista na sua face com a cabaça ao seu lado.

A lua costuma ser vinculada a animais lunares (como coelhos e lebres) e a mulheres ou deusas (Hina). Por isso, quando as crianças olham para cima tentando ver o "homem da lua", muitas vezes ficam decepcionadas, pois não há nenhum "homem" visível.

Talvez as lembranças da lebre ou da mulher na lua tenham sido esquecidas quando a nova fé dominou as religiões pagãs ocidentais mais antigas. Vê-los lá não era bem-visto na nova religião devido às conexões com a adoração à lua e ao totemismo.

O que fazer? A história do "homem da lua" foi inventada e ocupou bem esse espaço.

Mas em outros lugares, muito distantes dos efeitos da nova religião, um coelho com orelhas caídas e rabo ou uma mulher sentada ao lado de sua cabaça ainda são vistos em noites claras na superfície brilhante da lua.

O homem da lua, não.

Feitiços da Lua

Olhando para a Lua Cheia, forme um círculo com o polegar e o indicador de sua mão dominante. Estenda o braço para cima até posicionar a lua dentro desse anel, e diga as seguintes palavras em voz baixa:

Lua Cheia próxima,
Lua boa e circular:
Deixe que o futuro
Venha agora se mostrar.

Olhe para a lua e faça uma pergunta: ela vai ser respondida.

Sob a luz fraca da Lua Minguante, escreva em um pedaço de papel aquilo de que deseja se libertar. Rasgue o papel na metade três vezes e enterre-o. Depois diga:

Rezo para a lua quando está fatiada
A doença deve ser afastada
Todo o mal que me atingiu se encerra:
Abaixo, bem abaixo da terra.

Leve algo de prata (uma joia ou uma moeda), uma xícara e um jarro de água para fora sob a luz da lua. Despeje a água na xícara. Coloque o objeto de prata dentro dela. Mexa a água três vezes no sentido horário com o dedo. Segurando a xícara, ande em círculo no sentido horário três vezes, sob o luar, enquanto fala estas palavras:

Ó luz da lua
Envolva-me em sua magia
Proteja-me agora
Noite e dia.

Beba a água, depois pegue a moeda ou joia. Use ou mantenha consigo o objeto de prata por um mês lunar para obter proteção. Se necessário, repita na Lua Cheia seguinte.

Para ter sonhos proféticos, caminhe ao ar livre com uma rosa branca natural. Erga-a na direção da lua com as duas mãos, de modo que as pétalas fiquem iluminadas pelo luar. Diga:

Ó lua, desperte minha segunda visão

Pressione a rosa branca contra a testa, dizendo:

Pelo poder deste ritual e por esta ação.

Coloque a flor embaixo do travesseiro antes de dormir e passará a se lembrar de seus sonhos.

Remova a casca de um limão maduro. Deixe secar por sete noites em um prato de cerâmica. Na sétima noite, leve para fora o seguinte: o prato, um pequeno pedaço quadrado de tecido branco e uma agulha com linha. Sob o luar, transfira a casca desidratada do limão para o centro do tecido. Dobre o tecido ao meio, formando um triângulo. Faça uma costura simples fechando os dois lados abertos dele. Quando terminar, estenda para cima em direção à lua e diga:

O amuleto está feito!

Coloque embaixo do travesseiro para ter um sono restaurador.

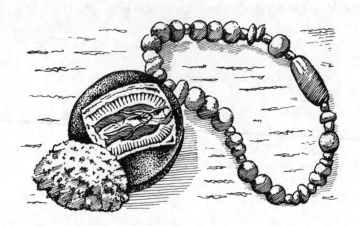

Magia Mexicana

A magia popular mexicana contemporânea é resultado de uma complexa mistura de culturas que carrega claros sinais de influências astecas, católicas romanas, europeias e até mesmo budistas.

Em quase todas as cidades nesse país de maioria católica, é possível obter amuletos de herboristas, vendedores ambulantes e em mercados a céu aberto. Como os amuletos são representações concretas de crenças ocultas, vamos primeiro examinar alguns deles.

A *Piedra iman* (magnetita) é uma ferramenta mágica comum. Ao contrário das vendidas nos Estados Unidos, elas quase nunca são pintadas, mas é comum serem cobertas com limalhas de ferro grudadas. Esses ímãs naturais são carregados, usados em acessórios ou pendurados em casas e negócios para atrair amor ou para propósitos de proteção. Em alguns vilarejos, são lavados com vinho toda terça e sexta-feira.

A Piedra iman às vezes é embalada com trigo e costurada em tecido vermelho, junto a uma imagem de São Martinho de Tours. Tais amuletos são feitos para proteger contra a fome e oferecer proteção. (Um mago mexicano também me ensinou a colocar a pedra em um triângulo para garantir vibrações positivas.)

O *Ojo de Venado* ("olho de veado") é um amuleto dado a crianças para proteção. Consiste em uma semente grande, chata e marrom com uma faixa preta circular. Em geral, um cordão vermelho é passado pelo meio da semente. Presa ao cordão pode haver uma borla de linha vermelha, miçangas, ou um pequeno pedaço de madeira mágica.

Existe um amuleto caseiro conhecido como *Coronita Ajo*. Trata-se de uma pequena guirlanda feita de dentes de alho separados passados por um fio (como contas) e entrelaçados com fita vermelha. Ela é pendurada em casa (ou no estabelecimento comercial) para trazer sorte e proteger contra o mal.

Talvez o mais famoso e macabro de todos os amuletos mexicanos seja o *chuparosa* (beija-flor). Ele consiste em um pequeno beija-flor desidratado embrulhado em tecido vermelho, e é usado em rituais para atrair o amor.

Outro amuleto também de proteção se chama *herradura* (ferradura). São ímãs em formato de ferradura enrolados com fita vermelha, embrulhados em papel celofane junto à ilustração de um santo e pacotes de ervas. Algumas vezes também é incluída uma pequena representação de Buda. Esses amuletos são usados nos negócios para espantar o mal e para atrair prosperidade e clientes.

Siete Machos é o nome de um perfume fabricado no México. Sua fragrância forte faz com que seja usado em diversos rituais para curar e combater feitiços. (O rótulo do frasco estampa fumaça subindo de um incensário, cercada por cabeças de sete bodes.)

Outros usos incluem misturar Siete Machos com água de Florida (uma colônia). Essa mistura é borrifada no corpo a cada quinze dias para purificação interna.

Esses poucos exemplos mostram claramente a natureza multicultural de muitos feitiços mexicanos contemporâneos. O beija-flor era sagrado para os antigos astecas. Os santos quase sempre são vistos como versões católicas das divindades pré-cristãs, e são utilizados de maneiras definitivamente não cristãs.

O alho foi importado da Europa pelos conquistadores. O provável é que as imagens de Buda, frequentes em amuletos, tenham sido introduzidas apenas recentemente.

Os feitiços populares mexicanos são bem mais difíceis de revelar, pois são secretos e em geral realizados de forma privada. Aqui estão alguns, e eles diferem pouco dos europeus. Todos apresentados aqui envolvem o amor.

Para casamento, um punhado de manjericão é embebido no perfume ou colônia preferida do mago. Essa mistura é então enterrada em um vaso de flores.

Um perfume de amor é criado colhendo sete rosas em uma sexta-feira depois do pôr do sol. As pétalas dessas rosas são misturadas com um litro de água e sete gotas do perfume ou da colônia preferida de quem lança o feitiço. O mago deve tomar um banho comum nessa noite, mas usar essa mistura para se enxaguar. Esse rito é repetido por sete sextas-feiras consecutivas.

É preciso observar que o uso desses amuletos e feitiços não costuma ser considerado magia (por ser, de forma universal, associada a uma adoração ao diabo, outra influência espanhola), e sim uma prática religiosa. A predominância dos santos em tantos amuletos mágicos sugere que diversas pessoas estão realizando magia religiosa de uma maneira amplamente católica.

Trevo-de-Quatro-Folhas

Hoje em dia, contam-se muitas histórias a respeito do 16º presidente dos Estados Unidos. É notório que, durante sua vida, Lincoln tinha interesse em espiritualismo, astrologia e outros assuntos misteriosos. Diz-se até que ele realizava sessões espíritas na Casa Branca. O que pouco se sabe a respeito, contudo, é sua aparente crença nos poderes de um amuleto herbal bastante conhecido: o trevo-de-quatro-folhas.

Os trevos-de-quatro-folhas são talismãs mágicos populares utilizados para diversos objetivos: trazer sorte de modo geral; atrair dinheiro, saúde e sabedoria; promover o amor. Entre os poderes tradicionais mais sinistros do trevo está a crença de que seu portador consiga detectar a presença de espíritos malignos.

O motivo exato pelo qual Lincoln carregava um trevo-de-quatro-folhas não está claro até hoje (se é que ele de fato carregava um deles; isso ainda é objeto de debates). Porém, seu suposto amuleto conseguiu entrar para a história.

Nos anos 1920, o campeão internacional de tênis William T. Tilden II estava prestes a encarar Gerald Patterson em Wimbledon. Na véspera da primeira partida, um amigo presenteou Tilden com o trevo da sorte de Lincoln. Ele então não apenas derrotou Patterson, como ainda venceu todas as partidas até perder o raminho mágico. Felizmente, o trevo reapareceu logo antes de ele recuperar o título americano de tênis em 1929.

O "rei das redes" tinha bastante fé nesse pequeno talismã de uma era passada. Ainda que não se saiba o que Lincoln de fato pensava a respeito do trevo-de-quatro-folhas, é reconfortante saber que pelo menos um presidente americano pode ter contado com os poderes da magia das ervas.

Parece claro que Lincoln não estava com seu trevo quando foi ao Teatro Ford em 15 de abril de 1865, o dia em que foi assassinado.

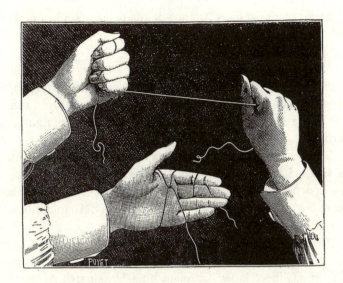

A Magia do Barbante

Quando eu era jovem, minha família hospedou um estudante de intercâmbio do Irã. Depois de me contar histórias exóticas de sua terra natal (nossos países mantinham então relações amigáveis), o rapaz me ensinou como fazer diversas figuras de barbante que ele tinha aprendido ainda criança.

Impressionado pela possibilidade de criar formas detalhadas com algo tão simples como um pedaço de barbante, logo interroguei meus amigos e aprendi a formar algumas outras figuras. Um dos mistérios que compreendi foi que se duas pessoas brincassem de cama de gato por muito tempo, os barbantes automaticamente formariam um padrão raro e incomum. Jamais consegui brincar o suficiente para descobrir se era verdade.

Mesmo com apenas 10 anos de idade eu já era um pesquisador, e logo li um livro sobre o assunto. Tornei-me aficionado por figuras de barbante.

Mal sabia eu que outras pessoas mundo afora tinham elaborado figuras similares; que muitas delas eram feitas para propósitos mágicos ou religiosos; e que, em diversas culturas, todos, da criança em tenra idade aos mais idosos, criavam figuras de barbante.

Entre as regiões onde a prática era comum estavam: Alasca, Canadá, a extensão continental dos Estados Unidos (os povos Apache, Tewa, Zuni, Pawnee, Navajo, Omaha e Cherokee, entre outros), Peru, Paraguai, Havaí, Guiana, Angola, Botsuana e África do Sul.

Além de Filipinas, Austrália, Nova Zelândia, Melanésia, Fiji, Ilhas da Sociedade (incluindo o Taiti), Tikopia, Nova Caledônia, Ilhas Gilbert, Japão, Coreia, China, Dinamarca, Alemanha, Áustria, Suíça, França e Holanda, lugares onde também havia essa tradição.

Os etnologistas começaram a registrar as figuras de barbante e seus métodos de construção no final do século XIX. Infelizmente, a maioria dessas documentações não incluía a história mítica ou mágica que acompanhava a criação dessas figuras, então nossa informação é limitada.

Nas Ilhas Gilbert (na Melanésia), Ububwe era o deus das figuras de barbante. Depois da morte, antes de poder entrar no mundo inferior, a alma humana era interrogada em detalhe pelo deus a respeito de seu conhecimento sobre as figuras.

No Alasca, considerava-se que o barbante tinha poderes mágicos quando usado de forma adequada. Figuras de barbante ritualísticas eram criadas durante o inverno para capturar o sol e impedir sua partida. Além disso, os garotos eram proibidos de brincar de cama de gato, pois isso poderia atrair o infortúnio de ter as mãos entrelaçadas na linha do arpão no futuro.

Em muitos lugares, figuras de barbante eram feitas para representar divindades. Certas palavras entoadas sobre a figura reforçavam sua associação com o divino, e é possível que a confecção de tais figuras servisse como uma forma de ritual de invocação.

A magia, portanto, pode ser encontrada no mais curioso dos lugares, até mesmo nas brincadeiras que muitos de nós aprendemos na juventude. Muitas formas se perderam, mas a mais famosa, a cama de gato, é conhecida na Alemanha até hoje como *hexenspiel*: o jogo da bruxa.

Olho de Gato

Há um antigo provérbio que diz que se tiver medo de invasões noturnas de fantasmas e espíritos maus, você deve pendurar um pedaço de barbante com nós na maçaneta da porta antes de se deitar para dormir.

O visitante indesejado então terá de desatar cada nó antes de entrar no quarto; mas, com alguma sorte, até lá o sol já terá nascido!

Poços Mágicos

Ao redor do mundo, a água é considerada, com toda a razão, aquilo que sustenta a vida. A partir dessa observação, foi necessário somente um pequeno passo para reconhecer corpos de água doce ou salgada como os lugares onde residem os espíritos e divindades.

Os rios (tal como o Ganges, o Nilo e o Eufrates) há muito tempo são venerados como manifestações do divino. Na Inglaterra, o rio Severn era a deusa Sabrina, para quem oferendas de flores eram lançadas a intervalos regulares.

Da mesma forma, muitos dos povos da América do Norte faziam oferendas de contas e tabaco aos espíritos dos rios. Esses rituais honrando os espíritos da água também eram conhecidos na África, no Sri Lanka, na Coreia, no México, na França, na Alemanha e em toda a Europa.

Os oceanos desde longa data são homenageados nas pessoas de Tiamat, Kanaloa, Poseidon, Llyr e Netuno, entre outras divindades. Mas os poços, tanto os naturais quanto os artificiais, receberam uma parcela significativa de rituais de magia e adoração na Grã-Bretanha e no resto da Europa.

O costume encantador de decorar determinados poços com flores ainda persiste em algumas partes da Grã-Bretanha. Essa prática antiga hoje é associada a vários santos e conduzida com a devida cerimônia religiosa. Entretanto, ela deriva de um tempo muito antigo, bem antes da introdução do cristianismo.

Ainda no século VI E.C. Gildas escreveu relatos de britânicos honrando poços e rios. Do século VI ao XII, vários reis e líderes religiosos ingleses criaram leis proibindo o culto aos poços. Felizmente, seus esforços foram em vão, e há registros de mais de 100 poços homenageados.

Com a crescente aceitação do cristianismo por toda a Grã-Bretanha, começou a conversão dos poços. Aqueles que já eram consagrados a deusas celtas ou teutônicas foram transformados: sua devoção foi transferida para os santos ou até mesmo para a própria Virgem Maria.

Mas a magia continuou. A água de muitos desses poços era curativa; e alguns, como o de Buxton, se tornaram bem famosos. Até mesmo a rainha Mary visitou esse poço em diversas ocasiões, e escreveu sobre a "incrível" natureza curativa da água. A essa altura, ele já havia sido rededicado a Sant'Ana.

Há diferentes tipos de poços mágicos no País de Gales, na Escócia e na Irlanda: poços sagrados, poços de farrapos, fontes dos desejos, poços dos alfinetes e até mesmo poços para maldições.

Os poços sagrados eram aqueles associados a deusas, como o famoso Chalice Well, em Glastonbury. Praticamente todos os poços já foram considerados "sagrados", uma vez que a água é uma substância divina.

Os poços de farrapos eram lugares de cura onde os suplicantes amarravam pequenos pedaços de tecido em árvores e arbustos próximos como oferenda ao espírito ou divindade do poço.

As fontes dos desejos são bem conhecidas. Uma moeda era jogada dentro do poço com o pedido de um "desejo". O dono do pedido então contava o número de bolhas que subiam e examinava seus tamanhos e, por esses sinais, determinava se o desejo seria realizado. (O objeto jogado constituía um pagamento para o espírito do poço.)

Os poços dos alfinetes eram parecidos. Alfinetes (ou botões) eram jogados nos poços, e mais uma vez seus movimentos indicavam se o pedido seria realizado ou não. Além disso, alfinetes dobrados eram jogados nesses poços para garantir sorte e proteção contra a magia maligna.

Os poços para maldições eram muito mais raros. Em geral ficavam em lugares ermos, onde se acreditava que o espírito ou a divindade servente do poço enviaria maldições ao inimigo do suplicante. Pedras ovais ou redondas às vezes eram invertidas diante deles, e o maldicente caminhava no sentido anti-horário em volta do poço.

O mais raro de todos era o poço das risadas. As águas dessas nascentes costumam apresentar uma carbonação natural. Assim, quando objetos pequenos e pesados são lançados nelas, um frenesi de borbulhas é liberado. Poucas informações mágicas a respeito desse tipo de poço foram registradas.

Em todos os poços, com exceção daqueles utilizados para maldição, o suplicante dava três voltas ao redor em sentido horário antes de rezar ou fazer seu pedido. Somente então bebia a água ou fazia a oferenda.

Muitos feitiços foram criados usando água de poço, mas a maioria tinha propósitos curativos. Plínio (77 E.C.) escreve: "Misture água de três poços diferentes em iguais proporções e, depois de fazer uma libação com uma parte dela em um recipiente cerâmico novo, administre o restante a pacientes sofrendo de febre". A água de três poços seria considerada mais potente, é claro, do que se fosse coletada de apenas uma fonte.

A água de poço também era usada em divinação. Na Escócia, a água do Poço de St. Andrew era despejada em uma tigela de madeira ao lado de um paciente. Um pequeno prato de cerâmica era colocado com delicadeza na superfície da água. Se, enquanto flutuava, o prato girasse devagar em sentido horário, o paciente se recuperaria. Se fosse no sentido oposto, não havia recuperação em vista.

Muitos poços, lagos, fontes e espelhos d'água decorativos até hoje recebem moedas jogadas por pessoas que talvez nem saibam das origens pagãs de tais práticas.

A Magia de Scott Cunningham

por Donald Michael Kraig

Agradecimentos

Eu gostaria de agradecer imensamente a Marilee Bigelow por sua amizade e comentários sobre a publicação. Ela era uma das melhores amigas de Scott, sempre compartilhando receitas com ele e acompanhando-o em diversas aventuras no Havaí. Não tenho dúvidas de que sua amizade ajudou Scott a ser uma pessoa melhor. Comigo, eu sei que foi o caso.

Agradecimentos enormes também para Holly Allender Kraig por suas excelentes sugestões editoriais.

Outro agradecimento vai para Bill Krause por sua orientação e apoio a este projeto. Sua atitude positiva sobre meu trabalho foi responsável por este livro. Estou muito satisfeito com o resultado, e isso se deve ao incentivo de Bill.

Por fim, tenho de agradecer a Scott Cunningham. Sua vida tocou tantos de nós, sua magia mudou o mundo, e sua amizade modificou minha vida para sempre.

Apresentação: Scott e Eu

Tudo começou com a chuva.

Eu morava ao norte de San Diego, na cidade costeira de Encinitas, em uma rua chamada Vulcan. Certa manhã fui acordado logo cedo. O senhorio resolveu revestir o telhado plano e contratou alguns moradores locais para substituírem o revestimento e a brita. Foi uma atividade que provocou barulho e sujeira, e eles não limparam nada depois. Tampouco fizeram um bom trabalho pois, passada uma semana, durante a primeira chuva forte da estação (sim, chove na Califórnia), o telhado se transformou em uma peneira. Espalhei panelas e potes para todo lado, mas não consegui deter toda a invasora água da chuva. O carpete felpudo mofou e ficou difícil respirar no ar insalubre. Eu precisava encontrar um lugar para onde me mudar... e rápido!

Havia uma loja em San Diego chamada Ye Olde Enchantment Shoppe ("Sua antiga loja de encantamentos") onde eu vinha oferecendo oficinas sobre magia, tarot, Cabala, Tantra etc. Fui até lá e perguntei à proprietária, Judith Wise (que infelizmente agora está na Terra do Verão), se ela conhecia alguém que tivesse um local para alugar. Ela respondeu que havia um jovem procurando por um colega de apartamento. Era um escritor. Fui até o local, avaliei o quarto disponível, percebi que funcionaria para mim, e apertei a mão do homem. Mudei-me em 29 de fevereiro de 1980, o dia extra daquele ano bissexto. Assim começou minha temporada de seis anos dividindo um apartamento com Scott Cunningham.

Embora Scott tenha nascido em Michigan (em 1956), sua família se mudou em 1959 para San Diego, onde ele viveu pelo resto de sua vida, com exceção de algumas breves viagens. Ele me contou que sempre havia se sentido diferente, mas foi apenas a partir do ensino médio que viu seu futuro.

Desde uma tenra idade, Scott se interessava pela natureza e por ervas. Em 1971, sua mãe lhe deu uma cópia de *The Supernatural*, de Hill e Williams. O livro incluía sinais de mão populares na Itália, usados para coisas como proteger e repelir "mau-olhado". Alguns anos mais tarde, uma garota na escola de Scott, a quem chamarei de "D", reconheceu os sinais e se apresentou. Tornaram-se amigos, e ela o apresentou a mais conteúdo mágico e à bruxaria. A partir de então, a magia natural, a bruxaria e os escritos se tornaram o seu foco para o resto da vida.

Scott entrou para a Marinha, mas o excesso de regras não combinava com sua natureza. Ele lançou um feitiço e conseguiu o resultado desejado: um desligamento honroso ainda que precoce.

Depois disso, teve uma série de empregos estranhos, desde trabalhar em um "restaurante" de fast food *Jack in the Box* até ser datilógrafo no Scripps Institution of Oceanography. Matriculou-se em uma universidade, estudando escrita criativa. Abandonou o curso depois de dois anos porque tinha mais livros e artigos publicados do que a maioria de seus professores. Para se sustentar, Scott se tornou o que gosto de chamar de "escritor de aluguel". Para quem não é do ramo, os *ghost writers* são geralmente vistos como maus escritores, mas a verdade é que eles fazem algo bastante desafiador. São contratados para escrever artigos ou livros sobre um determinado tema. Mesmo que não tenham conhecimento do assunto, têm de aprender o máximo possível e escrever um texto que indique saberem tudo. Poucas pessoas são capazes de fazer isso bem e de forma crível, mas Scott conseguia. À época em que dividíamos o apartamento, por exemplo, ele escrevia artigos para revistas sobre caminhões e automóveis apesar de ter pouco interesse pessoal no assunto.

Uma das coisas que eu admirava em Scott era sua incrível capacidade de concentração. Quando estava trabalhando em um livro, quase nada podia atrapalhar... a não ser a necessidade de ganhar algum dinheiro. Muitas vezes, próximo do fim do mês, eu batia em sua porta e lembrava que o prazo para suas colunas sobre caminhões estava se esgotando. Eu fazia isso pois ele logo seria remunerado e juntos poderíamos pagar o aluguel. Ele parava de datilografar e saía sem dizer uma palavra. Mas eu sabia o que ia acontecer. Ele ia para a biblioteca pesquisar sobre a coluna seguinte. Gosto de pensar que meus lembretes nos ajudaram a ficar naquele apartamento.

Na época em que fui morar lá, Scott já estava publicando romances, e seu primeiro livro de não ficção, *Magical Herbalism*, tinha sido aceito para publicação. Durante aqueles anos pré-computador, Scott usava uma das melhores máquinas de escrever do mercado: uma IBM Selectric vermelha. Embora o resultado fosse lindo, havia tantas partes móveis que ela enguiçava com frequência. Ele tinha um contrato com uma empresa de assistência técnica para repará-la sempre que necessário. Ainda me lembro de ouvi-lo batendo nas teclas enquanto as palavras voavam de dentro dele em um ritmo impressionante, em seguida, o som insistente de uma tecla específica (quando ele percebia que algo estava errado), e logo seus punhos batendo na mesa enquanto ele gritava "Droga! Droga! Droga!". O resultado era um telefonema para a assistência técnica.

Esse xingamento mostrava que ele estava irritado, o que ficava bem evidente quando seus olhos faiscavam de um modo específico. No entanto, ele nunca dirigiu esse tipo de olhar para mim. Ainda acho incrível que, embora o apartamento fosse pequeno, nós nunca tivemos uma discussão real. Acho que era porque nos respeitávamos mutuamente, dávamos espaço um ao outro e usávamos o outro como uma "caixa de ressonância" para compartilhar ideias.

Entre as muitas coisas que eu admirava em Scott, havia uma que era realmente extraordinária. Em todos os seus escritos sobre ocultismo, ele só incluía feitiços, fórmulas e crenças sob duas condições: primeiro, se provinha de uma fonte histórica; e, segundo, se ele próprio tivesse testado. Ele nunca inventava coisas e as incluía em seus livros.

Na década seguinte, seus escritos sobre ocultismo tiveram como foco a magia natural. Sua vida pessoal era um anseio e uma busca constantes para saber mais sobre a Deusa, assim como ter uma relação mais estreita com ela. Naquela época, a Wicca, ou bruxaria (durante aqueles anos as duas palavras eram sinônimas) estava principalmente concentrada na estrutura de grupo conhecida como *coven*. Você precisava ser iniciado em um coven para praticar A Arte. Ele se envolveu em inúmeros grupos, mas inevitavelmente se decepcionava com eles por um ou outro motivo. Essas experiências, em combinação com sua lógica mental e pesquisa pessoal, o levaram a fazer duas perguntas:

- Por que você precisa ser iniciado para venerar A Deusa?
- Se a bruxaria é uma religião de iniciação, quem iniciou a primeira bruxa?

O resultado foi que Scott passou a praticar na maior parte do tempo sozinho, e não em covens. Enquanto isso, a Llewellyn, editora de Scott, estava fazendo sucesso com uma série chamada *A Verdade Sobre*, que produzia livretos sobre um único tópico vendidos por cerca de 2 dólares. Pediram a Scott para escrever a edição dedicada à bruxaria. A popularidade foi tão grande que lhe encomendaram um livro maior sobre o assunto. *A Verdade Sobre Bruxaria* (1988) tornou-se um grande sucesso, levando o assunto a inúmeras pessoas e deixando evidente que Scott Cunningham era mais do que um praticante de magia popular: ele era um bruxo.

Porém, havia aquelas duas questões incômodas! Ele chegou à conclusão de que você não precisa ser iniciado para venerar a Deusa ou ser um bruxo. Por isso, escreveu o livro que revolucionou a Wicca, a bruxaria, o paganismo e o mundo — *Wicca: Guia do Praticante Solitário*. Sem essa obra, muitos outros livros sobre bruxaria solitária nunca teriam sido publicados, e centenas de milhares de pessoas não fariam parte da Wicca e da bruxaria hoje. Scott de fato usou a magia da palavra escrita para mudar o mundo.

Ele continuou a escrever romances (a maioria usando pseudônimos como "Cathy Cunningham" ou "Dirk Fletcher"), assim como livros sobre magia natural, Wicca e bruxaria. Ele conheceu algumas pessoas que participavam de um grupo que praticava no Havaí, e então começou a visitá-las, e seu fascínio natural pela pesquisa o levou a estudar a magia natural local presente nas tradições, nas lendas e na história do lugar. Mesmo já bastante doente, ele chegou a viajar para o Havaí diversas vezes por ano para continuar sua pesquisa. Scott visitou inúmeros lugares sagrados, passou incontáveis horas em bibliotecas havaianas e conversou tanto com especialistas quanto com moradores locais. Ele conseguiu escrever apenas um livro sobre o assunto antes de seu falecimento precoce.

Em 1983, Scott foi diagnosticado com um linfoma. Ele passou por uma cirurgia seguida de quimioterapia. No meio do tratamento, precisou trocar de médico, e o novo reiniciou a quimioterapia, fazendo seu tratamento durar mais tempo do que o normal. Foi um desafio enorme para Scott. Ele chegava em casa depois do tratamento e tinha uma hora para beber dezesseis copos de água para limpar seu organismo.

Durante o tempo em que dividimos o apartamento, havia períodos em que tanto Scott quanto eu tínhamos pouco dinheiro. Nunca emprestamos ou demos dinheiro um para o outro, mas fazíamos coisas como comprar livros um do outro, que acabavam sendo usados por ambos. Também oferecíamos um jantar ou cinema um ao outro. Scott não gostava quando eu comentava (em voz bastante alta) que algo no filme era muito idiota.

Afinal deixei o apartamento quando me ofereceram um emprego bem-remunerado a cerca de 150 km de distância. Scott ficou no apartamento por mais alguns anos antes de se mudar para um lugar melhor. Continuamos amigos pelo resto da vida de Scott. As pessoas sempre dizem "vamos manter contato" quando vão morar em locais separados, mas a distância pesa bastante. Não nos encontrávamos tanto quanto eu gostaria.

Scott e eu fazíamos comentários grotescos, um sobre o outro, como forma de piada. Nunca os levamos a sério porque sabíamos que não eram verdadeiros, porque nos respeitávamos e entendíamos que ambos tínhamos uma personalidade forte o bastante para aguentar os golpes. Fazíamos o mesmo com outras pessoas, também, mas apenas se as respeitássemos e soubéssemos que elas não iam se incomodar.

Aprendi demais com o Scott. É claro que aprendi muito sobre Wicca e bruxaria, paganismo, herbologia, incensos e magia natural. Ele não era meu professor, nem eu fui o dele quando o tópico era Cabala e magia cerimonial. Apenas conversávamos e compartilhávamos conhecimento e aprendíamos um com o outro.

Também aprendi bastante com Scott sobre a arte de escrever. Tanto fazendo perguntas diretas quanto observando suas práticas e sua intensidade. Não canso de repetir como ele era capaz de manter uma concentração incrível. A cozinha de nosso apartamento era separada do quarto de Scott pela sala. Quando ele estava focado de verdade escrevendo um projeto, de vez em quando fazia intervalos para ir até a cozinha pegar um copo d'água. Na volta para o quarto, ele parava por um instante para conversar e punha o copo de lado. Uma ou duas horas depois, ele repetia o mesmo comportamento, esquecendo por completo que já tinha um copo d'água. Ele pegava outro e o largava em algum lugar. Logo havia copos por todo lado.

Minha presença não era necessária para ele esquecer dos copos. Às vezes, quando eu chegava em casa tarde da noite, eu tinha de tomar cuidado e desviar do labirinto que ele havia criado abandonando tantos deles pela metade!

Lembro-me, também, de que uma vez eu o encontrei na sala com centenas de cartões de indexação no chão. "O que você *está* fazendo?", perguntei. Era uma época em que não havia aplicativos de computador para indexar um livro com facilidade, e ele estava realizando a laboriosa tarefa de criar um índice *à mão* para um de seus livros. Era um trabalho oneroso e demorado, mas por ser um livro de não ficção, ele o considerava necessário. Scott fez uma pausa e me explicou com exatidão o que estava fazendo. Foi com essa aula que aprendi a indexar manualmente um livro. A primeira edição do meu *Modern Magick* foi feita assim, e devo a Scott meu conhecimento de como realizar.

Scott de fato "vivia o que pregava". Certa ocasião ele foi a uma loja de brinquedos e comprou diversos monstros de plástico. Usando magia, transformou-os em "guardiões", talismãs de proteção para nosso apartamento. Eu havia lido uma notícia de jornal que dizia que a área em que morávamos tinha uma das mais altas taxas de crimes em toda a cidade de San Diego. No entanto, nunca tivemos nenhum problema com bandidos ou ladrões, mesmo que às vezes deixássemos portas e janelas abertas e destrancadas.

Talvez nossa maior preocupação fosse nosso senhorio. Ele era um cristão fundamentalista e proprietário do negócio vizinho, uma mistura de assistência técnica de aspiradores de pó e loja de armas! Exibia uma grande lousa coberta de mensagens cristãs na frente do nosso apartamento de modo que as pessoas que caminhassem ou passassem de carro por ali pudessem ver. Scott chamava nossa vida lá de "se esconder em plena vista".

Certa vez, Scott me disse que sempre soube que ia morrer jovem. Respondi que aquilo era ridículo. No fim das contas, porém, ele tinha razão.

Scott morreu no dia do meu aniversário, 28 de março, em 1993. Tinha apenas 36 anos. Até hoje acredito que, à medida que sua doença piorava, ele escolhia 28 de março como o dia para ser recebido na Terra do Verão — aquele lugar de paz, cura e restauração antes da reencarnação —, como uma última piada para mim. Dali para a frente, sempre que fizesse aniversário eu teria de me lembrar dele.

Ele não precisava ter tido essa preocupação. Eu sempre vou me lembrar de meu amigo Scott Cunningham.

Magia Natural

"Em séculos passados, quando os pesadelos que conhecemos como cidades ainda não haviam nascido, vivíamos em harmonia com a Terra e usávamos seus tesouros com sabedoria. Muitos conheciam as magias antigas das ervas e das plantas.

"O conhecimento era transmitido de uma geração para a outra, e assim a sabedoria popular era amplamente difundida e empregada. A maioria dos habitantes do interior conhecia alguma erva que oferecia uma poderosa proteção contra o mal, ou uma certa flor que causava sonhos proféticos, e talvez um ou dois feitiços de amor infalíveis.

"As bruxas realizavam suas próprias e complexas operações mágicas com ervas, e o mesmo acontecia com os magos e os alquimistas. Em pouco tempo, foi-se acumulando um corpo de conhecimento mágico concernente às ervas simples que cresciam em campos verdes, perto de riachos com fluxo veloz, e em penhascos altos e solitários."

Assim começa o primeiro capítulo de *Magical Herbalism*, o primeiro livro de ocultismo de Scott. Ele nos diz muito sobre a forma como Scott encarava a vida, a magia e a escrita que atingiu o ápice nesse ciclo de sua existência.

Seu estilo de redação apenas parece básico. Na realidade, é a marca de um escritor experiente procurando compartilhar não somente palavras e informações, mas também sua visão, seus sentimentos e seu espírito. Sua última frase é recheada de linguagem evocativa, permitindo aos leitores enxergar, pelos olhos da mente, campos verdes, riachos com fluxo veloz, e penhascos altos e solitários, em uma época que, como mencionado no primeiro parágrafo, era anterior aos "pesadelos que conhecemos como cidades".

É uma linguagem simples, mas permite que você feche os olhos e pense em uma época (ou talvez se recorde dela?) quando campos de cores vivas se estendiam até onde a vista pudesse alcançar, enquanto penhascos escarpados e ventosos revelavam uma erva rara que apenas um bravo aventureiro conseguia pegar. Acho que talvez fosse com isso que Scott sonhava.

Não é um fato muito lembrado agora, mas décadas atrás havia um nível surpreendente de animosidade entre os pagãos e os magos cerimoniais. Scott mencioná-los juntos, pressupondo igualdade, equivale ao que muitas pessoas sentem hoje: nenhum caminho é superior; é apenas diferente. Porém, era um pensamento subversivo naquela época e, acredito eu, ajudou magicamente a diminuir a tensão.

Magical Herbalism começa com uma introdução ao que é a magia: "O uso de poderes que residem dentro de nós e dos objetos naturais de nosso mundo para causar mudanças". Naquela época, assim como hoje em dia, muitos livros publicados sugeriam que você só precisa queimar algumas ervas, usar um perfume ou murmurar algumas palavras, e a magia aconteceria. Se isso fosse verdade, todos os livros de magia seriam barrados pela lei! Scott sabia que havia algo mais e que era a *combinação* de nossos poderes internos junto aos objetos naturais que resultava na magia.

O início do livro então é sobre como identificar, colher, desidratar e armazenar ervas mágicas. Eram conselhos práticos de um herbalista praticante de magia, assim como as informações sobre os instrumentos necessários para realizar esse tipo de magia, tudo podendo ser feito ou obtido com facilidade. Até mesmo as ferramentas eram mágicas, e Scott destacava que a preparação adequada para o trabalho mágico era importante.

Ao contrário de alguns outros escritores, Scott não apenas repassava informações que ele havia lido. Muitas vezes eu chegava em casa e encontrava feixes de ervas secando pendurados no teto do apartamento. Certa vez, ele decidiu fazer "*corn dollies*", bonecas mágicas feitas de palha. Ele foi até o México buscar a palha, mas ela era de baixa qualidade. Por mais que ele a deixasse de molho (na nossa banheira!), ela não ficava flexível o suficiente para o uso. Por fim, ele tirou a palha da banheira (para que nós pudéssemos voltar a usá-la), mas não a jogou fora logo. Ela devia abrigar algumas larvas de inseto pois, alguns dias mais tarde, abri a porta para sair do meu quarto e fui confrontado por milhares de mariposinhas! Durante dias, tivemos que enxotá-las da frente para conseguirmos assistir à TV.

Na seção seguinte do livro, Scott descreve os usos mágicos das ervas para tópicos como proteção, divinação, cura e amor. Aqui está uma breve amostra do que ele escreveu:

Proteção

Scott apresenta uma lista de algumas das ervas de proteção mais usadas. Confira:

Alecrim Angélica
Arruda
Artemísia
Assa-fétida
Bálsamo de Gileade
Betônica
Boca-de-leão
Ciclâmen
Cornichão
Endro
Erva-benta
Erva-de-são-joão
Estragão
Freixo (galhos e folhas)
Fumária
Funcho
Hissopo

Linhaça
Louro
Malva-cheirosa
Manjericão
Marroio
Orquídea sapatinho
Peônia (raízes)
Pervinca
Pimpinela
Sabugueiro (frutos ou folhas)
Samambaia
Sorveira
Verbasco
Verbena
Visco
Zimbro

Em seguida ele explica como usar algumas delas para confeccionar um sachê de proteção:

"Pegue um pedaço de tecido branco de algodão, um quadrado de 18 centímetros. Em seguida, selecione três, sete ou nove das ervas desidratadas listadas acima. Separe porções iguais de cada uma delas em uma tigela de barro. Misture tudo com as mãos por alguns instantes, em silêncio, e reserve.

"Estenda o tecido sobre seu altar. Transfira as ervas para o centro do tecido. Junte os cantos e, com um pedaço de barbante, lã ou linha vermelha, amarre firme em volta das pontas juntas, prendendo as ervas lá dentro. Enquanto faz o primeiro nó, diga com uma voz firme:

A MAGIA DE SCOTT CUNNINGHAM 219

Eu vos amarro para que protejam minha casa e tudo dentro dela.

"Faça mais doze nós, repetindo a frase acima em cada vez. Quando terminar, fique de pé voltado para o norte. Empunhe sua faca mágica usando a mão dominante erguida acima da cabeça; segure o sachê com a outra mão. Com a ponta da faca pressionada contra o sachê, faça uma afirmação usando palavras como essas:

Que este sachê criado por mim hoje
Sirva de guardião e proteção para minha casa
E para todos os que residem nela.
Que o sachê me sirva bem.

"Se o sachê for feito para um carro, um barco ou outro veículo, substitua pelas palavras adequadas.

"Agora, pendure-o pela linha vermelha no ponto mais alto da casa. Se for impossível, pendure dentro de um armário ou acima da entrada principal.

"Quando for usado em carros ou outros veículos, coloque-o sob o banco do motorista. Também é bom fazer alguns extras para pendurar acima da entrada de casa ou enterrar no jardim. São mesmo objetos para todos os propósitos."

Note que há coisas que você precisa fazer para que esse objeto funcione. Repare também que Scott deixa bastante espaço para a customização, permitindo que você escolha quais ervas deseja usar e deixando claro que a invocação não exige que você use suas palavras exatas, apenas "palavras como essas". Você precisou pensar no que estava fazendo, assumindo os feitiços como seus de fato. Essa atitude te proporcionou conhecimento, experiência e empoderamento.

Scott era fascinado por fragrâncias, e as seções sobre óleos aromáticos, perfumes e incensos evidenciam isso. Nos anos seguintes, a aromaterapia tornou-se popular, e Scott teve contato com alguns dos maiores especialistas desse campo.

Divinação

Nessa seção, Scott primeiro identifica a diferença entre divinação, "a arte de descobrir coisas por meios que não são normais", e clarividência, "a capacidade de *ver com clareza*, de ser conscientemente sensitivo e capaz de alcançar esse estado sem a utilização de auxílios". Os instrumentos que ele sugere para esse intuito incluem bolas de cristal, forquilhas de radiestesia, pêndulos, tarot, I Ching etc.

Em seguida, Scott apresenta fórmulas para incensos, cujos aromas podem ajudar uma pessoa na prática de divinação.

"Incenso de Visão da Bruxa: Esta é uma fórmula para todos os fins, para ser queimada enquanto alguém lê cartas de tarot, usa cristais, medita etc. É composta de goma de aroeira, patchuli, canela, zimbro e sândalo.

"Em uma quarta-feira, durante a Lua Crescente, misture partes iguais das ervas em pó e umedeça com uma mistura de algumas gotas dos óleos de âmbar cinza e almíscar. (O âmbar cinza artificial serve; óleo ambrette substitui o almíscar. Se não encontrar, use cravo-da-índia e noz-moscada.)

"Mexa até todas as partículas estarem umedecidas e esfarelentas, mas não pegajosas. Deixe repousar durante a noite, depois armazene em um frasco, vedando apenas levemente com uma rolha de cortiça.

"Incenso para Vidência (*scrying*): Muitos bruxos usam bolas de cristal em suas sessões de divinação. Para energizar o cristal, esfregue-o com folhas frescas de artemísia. Enquanto estiver praticando vidência (olhando fixamente a superfície brilhante), queime um incenso composto de artemísia e losna em partes iguais. Posicione a bola no altar entre duas velas brancas e o incensário atrás dela."

Observe, mais uma vez, a liberdade que Scott deixa ao praticante. Ele não menciona quantidades exatas de ervas, apenas relativas. Desse modo, você pode fazer lotes pequenos, médios ou grandes de acordo com sua preferência. Scott também não apresenta informações específicas sobre a previsão em bola de cristal, mas menciona o conceito de foco. As luzes das velas fornecem um ponto focal dentro da bola de cristal, enquanto o incenso ajuda a ativar suas habilidades psíquicas. Você pode "ver" imagens dentro do cristal ou o foco pode permitir que você as enxergue dentro de sua mente.

Cura

Como o livro é sobre herbalismo mágico, Scott deixou claro que ele não estava discutindo os usos medicinais das ervas, e sim como elas podem ser usadas em magia para "curar, ajudar a acelerar a recuperação e evitar que alguém fique doente.

"A base da cura pela magia é só isso: magia. Ela usa o poder das ervas canalizado e direcionado pelo curandeiro para tratar o corpo diretamente através da força da magia."

De novo nessa seção, Scott insiste que o importante não é somente misturar as ervas ou queimar incensos, mas sim a magia que *você* coloca naquilo. Ele escreve: "A atitude é da máxima importância. Quando preparar feitiços para si mesmo ou para os outros, mantenha em mente uma visão da pessoa totalmente íntegra, curada e livre da doença, do ferimento ou de qualquer que seja o problema. O pensamento negativo não tem lugar na magia, então não se detenha na doença ou no ferimento; esqueça-os e concentre-se na saúde e na felicidade".

Após ler isso, algumas pessoas podem acreditar que a magia curativa — na verdade, *toda* magia — não seja nada além do emprego do poder de sua mente. Se isso fosse verdade, o uso de ervas, feitiços, amuletos, varinhas, adagas e afins seria desnecessário. Entretanto, essa suposição *não* é verdadeira. Melhor dizendo, o uso da mente é apenas uma das partes que compõem a magia como um todo. A farinha é uma parte importante da maioria dos bolos, mas não é a única coisa que importa. Você também vai precisar de coisas como gordura, açúcar, sal, fermento, ovos, leite e aromatizantes. Você precisa saber como juntar tudo, como misturar e exatamente quanta energia (o ato de assar) colocar na mistura. Desconsidere qualquer uma dessas etapas e o bolo vai dar errado.

De forma similar, com a magia das ervas você precisa saber quanto usar de cada erva (em relação às outras ervas), como misturá-las, onde sua mente deve focar e quanta energia mágica você precisa incluir.

Scott compartilha a seguinte receita de incenso para cura:

"Em um incensário, queime um incenso curativo, como uma mistura de mirra, açafrão e botões de rosa, moídos juntos. Tenha também um pote com água de açafrão no altar. Para fazer água de açafrão, ferva meio litro de água mineral. Acrescente uma colher de sopa de açafrão. Cubra com um pano e deixe repousar por três minutos. Depois escorra a água através do tecido para uma tigela azul ou transparente. Coloque na parte sul de seu altar.

"Antes de iniciar de fato o ritual, lave as mãos na água de açafrão, e seque em uma toalha pequena mantida por perto para esse propósito. Em seguida, declame uma invocação de cura para a divindade cuja ajuda esteja buscando. Um bruxo que venere Ísis poderia usar algo assim:

Ísis,
Você que é tudo que sempre existiu,
Tudo que existe,
E tudo que deve existir,
Cure-me como curou Hórus de todos os ferimentos
Que Seth, seu irmão, infligiu nele.
Ó Ísis,
Grande maga,
Cure-me,
E livre-me de todas as enfermidades fatais,
Ferimentos,
E coisas malignas,
E de doenças de todos os tipos.

"É claro, se for usar essa invocação para outra pessoa, você deve inserir o nome dela no texto no lugar do pronome 'me'."

Embora muitos pensem na Wicca como algo simplista, para pessoas como Scott esse obviamente não era o caso. Além de precisar saber o básico sobre como focar a mente, o funcionamento da energia, o valor de ser positivo (para o sucesso) na magia, e o conhecimento de quais ervas podem ter um efeito positivo tradicionalmente (e através do trabalho pessoal), Scott também era fascinado por mitologia. Em sua invocação, ele mostrou um conhecimento da mitologia egípcia antiga e como ela pode ser aplicada na cura. Acredito que isso deveria encorajar todos os pagãos dos dias modernos e outras pessoas ligadas à magia a ampliarem seus estudos!

Scott prossegue mostrando que não se prende a um dogmatismo. Ele não descreve feitiços que requeiram palavras exatas. Em vez disso, mostra através de exemplos e sugere que você crie alguma coisa da mesma maneira como ele fez.

Mas as instruções de Scott para cura pela magia não se limitavam a queimar incenso. Essa é apenas uma das ações incluídas nos rituais. Ele segue adiante e descreve a confecção de amuletos de cura, técnicas para tratar magicamente machucados, verrugas e dores de cabeça, e até mesmo como auxiliar animais de estimação doentes.

"Quando você ou seu paciente estiverem saudáveis novamente, faça um pequeno sachê de arruda desidratada e use-o o tempo todo para evitar doenças."

"Acima de tudo, viva uma vida equilibrada, saudável e feliz."

Para mim, essa última frase é muito reveladora. Uma das afirmações que primeiro apresentei em meu livro, *Modern Magick*, foi:

A magia não é algo que você faz. A magia é algo que você é.

Scott viveu uma vida mágica. Para ele, parte disso envolvia ser equilibrado, saudável e feliz. Isso incluía usar as ervas de forma mágica. Ah, e ele detestava o uso do "k" em *"magick"*. Sempre escrevia *"magic"*.

Amor

Scott explica que "as ervas do amor vibram em um plano de amizade e atração. Elas instauram uma aura irresistivelmente interessante e cativante em volta de quem as usa". Embora o conceito pareça sugerir que você pode usar um feitiço para atrair alguém contra a vontade da pessoa, Scott considerava isso antiético. "Magos e bruxos nunca tentam forçar alguém a amar. Esse tipo de magia é má, pois tenta controlar outra pessoa."

Infelizmente, a ética e o idealismo de Scott às vezes apresentam uma visão irreal do mundo. Há pessoas que fazem coisas más, e tanto magos quanto bruxos são pessoas. Seria mais preciso dizer que pessoas *éticas*, incluindo magos e bruxos, não usariam a magia ou outros meios para forçar alguém a fazer qualquer coisa contra a própria vontade. A magia do amor verdadeiro torna você "irresistivelmente interessante e cativante" para alguém que, de forma consciente ou inconsciente, esteja buscando amor. É um sinal de que você está disponível para aqueles que estiverem procurando.

"Para atrair um homem, misture em um sachê lavanda, centáurea desidratada e uma pitada de raiz de valeriana. Acrescente uma folha de louro e leve o sachê com você para onde quer que vá."

Acho essa fórmula bem interessante. Tem cheiros doces combinados com o toque bem terroso da valeriana (certo, a valeriana tem cheiro de meias de ginástica usadas!). Muitos perfumes femininos que usam a combinação de aromas doces e terrosos são considerados sexy. Talvez a folha de louro traga uma nota deliciosa de culinária caseira.

Scott continua: "Para atrair uma mulher, [em um sachê] use patchuli, canela e meimendro (este último tradicionalmente colhido pela pessoa de manhã, nua e parada em um pé só!)".

O restante do livro consiste em várias receitas, fórmulas e instruções sobre como cultivar um jardim de ervas.

É importante mencionar aqui dois outros livros. São eles: *Enciclopédia das Ervas Mágicas do Cunningham* e *Enciclopédia Cunningham de Magia com Cristais, Gemas e Metais*. Esses dois livros tornaram-se fontes importantes para todo pagão e mago wiccano, pois descrevem ervas, cristais, gemas etc., bem como suas utilizações na magia.

Existem basicamente dois tipos de lojas com produtos relacionados ao universo metafísico, ao oculto ou ao movimento New Age. Algumas apenas vendem livros e velas, pedras e ervas.

Talvez disponibilizem kits de feitiços já prontos que você pode usar, mas não preparam nada. O outro tipo pode ter todas essas coisas, mas também prepara misturas herbais ou velas especializadas. Já viajei do estado de Washington até a Flórida, de Nova York até o Havaí. Sempre tento visitar essas lojas. *Todas* as em que estive, e onde se preparam velas e ervas para usuários, têm ao menos uma das enciclopédias de Scott atrás do balcão. Costumam estar gastas e marcadas pelo uso frequente.

De vez em quando, Scott ajudava na loja de ocultismo de Judith Wise. Às vezes, ele auxiliava com os óleos. Judith os adquiria em frascos grandes e, com eles, ela enchia frascos menores e os etiquetava para vender. Em uma dessas ocasiões, Scott estava enchendo os frascos pequenos com o óleo "Venha a Mim, Amor". Ele riu quando me contou que *de alguma forma* alguns dos frascos tinham um erro nas etiquetas: as palavras "Venha a" haviam sido trocadas por "Ponha em". Tenho certeza de que ele não teve nada a ver com aquilo. *Sei.*

A Deusa e a Wicca

O livreto *A Verdade Sobre Bruxaria,* com sua capa verde lisa, era popular, mas *The Truth About Witchcraft Today* (1988) deu início a uma tempestade subversiva. Começando pela capa, que não exibia nenhuma mulher ou homem com túnicas esvoaçantes e usando montes de joias prateadas, nem cercados por incensários, adagas, cálices e pentagramas. A capa original mostrava uma mulher jovem vestindo um terninho clássico. Forte e confiante, ela não precisava alardear sua religião e suas crenças com túnicas e objetos de prata. Em outra edição, o livro também exibe na capa uma mulher jovem e bem-sucedida, agora em uma casa agradável. E se essas duas mulheres podem ser bruxas, *qualquer um* pode ser!

Na introdução, ele descreve um grupo de "figuras de túnica, cantando em uma linguagem há muito morta", que giram em volta de uma mesa com velas. O movimento cessa e uma mulher evoca o Deus e a Deusa para "Aproximarem-se de nós dentro desse nosso círculo". Parece ser um grupo arquetípico de bruxas, preparando-se para lançar um feitiço.

Mas há um pouco de subversão mental nessas palavras, pois ele revela que o evento está acontecendo em uma "casa de classe alta". Qualquer um, rico ou pobre, poderia estar fazendo isso. Como Scott escreve: "Isso é bruxaria".

Ele então descreve outra cena, a mais de 3 mil quilômetros de distância, onde uma garota de 15 anos fixa uma vela verde em cima da foto de um amigo. "No quarto escuro, ela acende a vela e fecha os olhos: em sua mente, visualiza uma flutuante luz roxa cercando o braço quebrado do namorado. Entoa um apaixonado encantamento de cura.

"Isso também é bruxaria."

Scott vê a bruxaria tanto como religião quanto metodologia mágica. A magia praticada pelas bruxas é magia popular. "Magia popular é exatamente isso: a magia do povo. Antigamente, praticar rituais simples de magia era tão normal quanto comer ou dormir. A magia era uma parte da existência diária. Questionar sua eficácia ou mesmo sua necessidade era equivalente a questionarmos a existência do sol.

"Embora os tempos tenham mudado, os praticantes contemporâneos de magia popular aceitam os mesmos princípios e realizam rituais similares àqueles de eras passadas.

"Eles não usam poderes sobrenaturais nem têm a intenção de controlar o mundo. Não são perigosos ou malignos. Apenas sentem e utilizam as energias naturais que ainda não foram quantificadas, codificadas e aceitas dentro das alas sagradas da ciência.

"Essas energias nascem da Terra em si, não de demônios ou de Satã. Elas estão presentes nas pedras, cores e ervas, assim como dentro de nosso próprio corpo. Através de rituais atemporais, os magos populares despertam, liberam e direcionam essas energias com o propósito de produzir uma mudança positiva, específica e necessária."

Scott continua dizendo que esses conceitos serão estranhos para os ateus, materialistas ou cristãos, que foram ensinados a dominar e subjugar a Terra; mas não para os magos populares, pois são pessoas que, insatisfeitas com as crenças religiosas e com as baseadas na matéria, investigam a Terra e seus tesouros. Viajaram para dentro de si mesmos para detectar os poderes místicos do corpo humano e sentir suas conexões com a Terra.

"E descobriram que a magia funciona."

Embora Scott estivesse tentando definir os praticantes de bruxaria e o que eles realmente fazem, eu acho que ele também estava, talvez inconscientemente, descrevendo a si mesmo.

O livro continua explicando a magia popular em detalhes, incluindo sua história, o que são os feitiços, os instrumentos de um mago popular (cristais, cores, ervas, cantos etc.) e por que "Nenhum mal causar" é a fonte universal simples de um código de ética aceitável, principalmente para o mago. Quando se trata de cores, ele apresenta esta lista de seus usos na magia:

Branco: Purificação, proteção, paz

Vermelho: Proteção, força, saúde, coragem, exorcismo, paixão

Preto: Negação, absorção de doença e negatividade

Azul: Cura, poderes psíquicos, paciência, felicidade

Verde: Finanças, dinheiro, fertilidade, crescimento, emprego

Amarelo: Inteligência, teorização, divinação

Marrom: Cura (de animais), lares, habitação

Rosa: Amor, amizades

Laranja: Adaptabilidade, estímulo, atração

Roxo: Poder, cura (de doença severa), espiritualidade, meditação

"As velas", ele escreve, "são friccionadas com óleos perfumados e cercadas de cristais. Podem-se amontoar ervas em volta de sua base ou espalhá-las pela área de trabalho. Vários símbolos podem ser riscados em sua superfície [...] Enquanto a vela queima, o praticante de magia popular visualiza sua necessidade. A chama direciona o poder pessoal assim como o dos objetos posicionados em volta dela."

Scott escreve que a grande maioria dos praticantes de magia popular trabalham com energia de amor, de cura e de positividade porque:

- Os magos respeitam a vida
- Os magos respeitam a Terra
- Os magos respeitam a suprema e universal força do poder
- O poder enviado será recebido de modo similar
- Magia é amor

Scott dá alguns exemplos de feitiços de magia popular, incluindo um para riqueza chamado de *Um Feitiço de Prata*:
"Este ritual leva uma semana para ser realizado.
"Coloque uma tigela pequena de qualquer material em um lugar proeminente na sua casa, por onde você passe diariamente. Todo dia, por sete dias, coloque uma moeda de 10 centavos no pote.

"Em seguida, obtenha uma vela verde. Pode ser de qualquer tom [comprada em qualquer lugar] [...]

"Antes de começar, fixe em sua mente a ideia de que você é uma pessoa próspera. Veja o dinheiro como não sendo um problema. Imagine-o chegando a você conforme precisar dele.

"Coloque a tigela com as moedas, a vela verde e um castiçal em uma superfície plana. Segure a vela nas mãos e sinta o poder do dinheiro. Sinta os caminhos que se abrem para você quando do próspero. Sinta a energia que nós, enquanto seres humanos, demos ao dinheiro. Ponha a vela no castiçal. Despeje os setenta centavos em sua mão esquerda (ou direita se você for canhoto). Você vai criar um círculo em torno da vela com as moedas. Coloque a primeira moeda bem na frente da vela. Enquanto a posiciona, diga o seguinte ou algo similar:

Dinheiro floresce
Dinheiro resplandece
Dinheiro cresce
Dinheiro para mim se estabelece.

"Repita isso mais seis vezes até que você tenha criado um círculo em volta da vela com as sete moedas reluzentes.

"Enquanto fala as palavras e posiciona as moedas, saiba que você não está apenas recitando e brincando com peças de metal. Você está trabalhando com *poder*, tanto o que demos ao dinheiro, como o que está dentro de si. As palavras também têm energia, assim como a respiração na qual elas viajam.

"Quando tiver completado o círculo, acenda a vela. Não use um isqueiro. Risque um fósforo e toque a ponta no pavio. Enquanto o pavio pega fogo, estala, derrete a cera e sobe formando uma chama brilhante, visualize a energia do dinheiro queimando ali. Veja o poder fluindo das sete moedas, subindo para a chama da vela e depois indo para a atmosfera.

"Sopre o fósforo, descarte-o em um recipiente à prova de calor e acomode-se na frente do dinheiro e da vela brilhando. Sinta a sensação do dinheiro em sua vida. Visualize (veja com os olhos da mente) uma vida afortunada, na qual as contas são pagas de imediato e o dinheiro nunca mais será um problema.

"Enxergue-se gastando o dinheiro com sabedoria, investindo para suas necessidades futuras. Veja o dinheiro como um aspecto belo e inevitável de sua vida [...]

"Após cerca de dez minutos, saia de onde está. Deixe que a vela queime até o fim no castiçal (não use um de madeira). Depois, pegue as moedas, coloque-as de volta na tigela e "alimente-a" com algumas moedas todo dia de agora em diante.

"O dinheiro virá até você."

The Truth About Witchcraft Today tornou-se um sucesso de vendas e foi reeditado diversas vezes.

O livro é sobre mais do que apenas magia. Ele também aborda a natureza da Wicca, que Scott identifica como a religião dos bruxos. Ele escreve:

"A magia popular é apenas metade do que se denomina bruxaria. A outra metade é a religião conhecida como Wicca. Há pelo menos cinco diferenças principais entre a Wicca e outras religiões. São elas:

- Culto à Deusa e ao Deus

- Reverência pela Terra

- Aceitação da magia

- Aceitação da reencarnação

- Falta de atividades proselitistas

Aqui, ele destaca que "em um passado recente, a Wicca era fundamentalmente uma religião iniciática secreta". Mais uma vez, essa é uma introdução sutil e subversiva a mudanças, sugerindo que a Wicca hoje não precisa ser secreta ou iniciática. Em uma seção sobre covens, ele descreve alguns como "não iniciáticos, argumentando que um ser humano não tem direito de efetivamente iniciar outra pessoa. Já outros são autoiniciáticos, vendo esse processo como o domínio da Deusa e do Deus". O livro é uma introdução e uma explicação sobre a bruxaria, então de fato não inclui muitos feitiços e instruções mágicas. Contudo, as seções que ele apresentou aqui abriram as comportas do que viria a seguir.

Em *Wicca: Guia do Praticante Solitário* (o original em inglês também publicado em 1988), Scott expôs tudo de forma aberta.

"Não há, e nunca poderá haver, uma forma 'pura', 'verdadeira' ou 'genuína' de Wicca. Não há agências centrais regulamentadoras nem líderes físicos, profetas ou mensageiros universalmente reconhecidos. Embora com certeza existam formas específicas e estruturadas de Wicca, elas não estão de acordo quanto a rituais, simbolismo e teologia. Por causa desse individualismo saudável, nenhum sistema filosófico ou ritual emergiu para consumir os outros.

"A Wicca é variada e multifacetada. Como em toda religião, <u>a experiência espiritual wiccana é compartilhada somente com a divindade</u>. Esse livro é apenas um dos caminhos, baseado em minhas experiências e na instrução que recebi para praticar a Wicca."

E ali, na parte sublinhada, está o segredo. Na opinião de Scott, a Wicca — o aspecto religioso da bruxaria — não é sobre covens e segredos; é sobre sua experiência espiritual pessoal com o divino. Você não precisa de um grupo. Você não precisa de uma tradição ou livro (supostamente) antigo. Você só precisa do desejo de estabelecer uma conexão com a Deusa e o Deus.

Scott admite que a maioria dos livros de Wicca compartilha de visões parecidas, "então a maioria do material wiccano publicado é repetitivo". Além do mais, na época em que escreveu a obra ele declarou que a maioria dos livros sobre o tema "são direcionados para a Wicca organizada em covens (grupos). Isso causa um problema para qualquer um que não consiga encontrar no mínimo quatro ou cinco pessoas compatíveis e interessadas em criar um coletivo. Também se torna um fardo para quem deseja uma prática religiosa privada".

A parte principal do livro começa com uma seção teórica cobrindo o círculo mágico e o altar, dias de poder, as ferramentas do bruxo, rituais e suas preparações, e conclui com uma seção sobre iniciação. Nela, ele pergunta: "Se alguém só pode ser wiccano se tiver recebido iniciação (de outro wiccano) [...] quem iniciou o primeiro wiccano?".

Mas Scott não descarta a noção de iniciação, apenas sua aplicação. "A verdadeira iniciação não é um rito realizado por uma pessoa sobre outra", escreve ele. "A iniciação é um processo gradual ou instantâneo que tem a ver com a sintonia do indivíduo com as divindades. Muitos wiccanos admitem que o ritual é apenas a representação externa. A verdadeira iniciação irá acontecer semanas ou meses antes ou depois do ritual físico." Ele então declara sua abordagem, radical para a época: "Tenha em mente que é possível vivenciar uma verdadeira iniciação wiccana sem nunca se encontrar com algum praticante da religião [...] Alguns dizem que 'Apenas um wiccano pode tornar alguém wiccano'. Eu digo que somente a Deusa e o Deus podem tornar alguém wiccano. Quem é mais qualificado que eles, não é mesmo?".

Com essas palavras, Scott abriu a Wicca para centenas de milhares de pessoas que estavam ansiosas procurando por uma fé e uma prática que viesse de seu coração e crenças, e não de livros engessados e codificados.

Naturalmente, Scott também fala sobre magia. "Minha definição mais refinada e mais recente [de magia] é: *A magia é a projeção das energias naturais para criar os efeitos necessários*".

"Existem três fontes principais dessa energia: o poder pessoal, o poder terreno e o poder divino.

"O poder pessoal é a força da vida que sustenta nossa existência terrena. Ele gera poder em nossos corpos. Nós absorvemos a energia que vem da lua e do sol, da água e do alimento. E a liberamos durante os movimentos que fazemos, durante os exercícios que praticamos, através do sexo, do nascimento. Mesmo ao expirar, liberamos algum poder, apesar de recuperarmos essa perda ao inspirar.

"Dentro da magia, o poder pessoal aumenta, infundido com um propósito específico, liberado e dirigido ao seu objetivo.

"O poder terreno é aquele que reside dentro de nosso planeta e de tudo que pertence a ele. Pedras, árvores, vento, chamas, água, cristais e perfumes, tudo possui poderes únicos e específicos que podem ser usados durante os rituais mágicos.

"Um wiccano pode mergulhar um cristal de quartzo em água salgada para limpá-lo e, em seguida, pressioná-lo contra o corpo de uma pessoa doente para enviar suas energias curativas. Ou as ervas podem ser espalhadas ao redor de uma vela queimada para gerar um efeito mágico específico. Óleos são esfregados no corpo para gerar as mudanças internas.

"O poder divino é a manifestação de poder pessoal e do poder terreno. Essa é a energia que existe dentro da Deusa e do Deus — a força vital, a fonte do poder universal que criou tudo que existe.

"Os wiccanos invocam a Deusa e o Deus para que estes abençoem sua mágica e lhes deem poder. Durante o ritual, eles podem direcionar o poder pessoal às divindades, pedindo que uma necessidade específica seja atendida. Essa é a verdadeira mágica religiosa.

"E, portanto, a magia é um processo no qual os wiccanos trabalham em harmonia com a fonte do poder universal que acreditamos serem a Deusa e o Deus, assim como com energias

pessoais e terrenas, para melhorar nossas vidas e emprestar energia para a Terra. A magia é um meio pelo qual as pessoas tomam o controle de suas vidas somente pela predestinação autodeterminada."

A seção seguinte do livro descreve como criar seus próprios rituais, incluindo um ritual de autodedicação. Scott também oferece exercícios e técnicas de magia, como a manutenção de um diário, respiração, visualização e meditação. Aqui está uma de suas técnicas simples para ajudar a melhorar suas habilidades de visualização. Isso é precioso porque *pensamentos são coisas*. A implicação é que a magia ocorre o tempo todo. Uma visualização poderosa por quinze minutos para trazer dinheiro para sua vida teria que "neutralizar 23h45 minutos de programação negativa diária e autoinduzida. Por isso devemos manter nossos pensamentos ordenados e alinhados com nossos desejos e necessidades. A visualização pode ajudar aqui.

"Sente-se ou deite-se de forma confortável com os olhos fechados. Relaxe o corpo. Respire fundo e acalme sua mente. Vão surgir imagens em sua mente sem parar. Escolha uma e concentre-se nela. Não deixe que nenhuma diferente da que você escolheu interfira. Retenha essa imagem pelo máximo de tempo que conseguir, depois deixe-a ir e considere o exercício encerrado."

Por fim, Scott incluiu muitos rituais e técnicas de magia. Aqui está uma invocação que "pode ser entoada enquanto você se move ou dança em volta do altar visando elevar a energia dos elementos para trabalhos de magia".

Invocação dos Elementos

Água, fogo, terra, ar, elementos do nascimento astral,
eu chamo todos agora; venham me atender!

No círculo, lançado devidamente
livre de qualquer golpe ou maldição à mente
eu chamo todos agora; venham me atender!

Da caverna e do deserto, do mar e da montanha
por varinha e lâmina, cálice e pentagrama,
eu chamo todos agora; venham me atender!

Essa é a minha vontade, então assim vai ser!

Scott encorajou seus leitores a estudar as divindades antigas. Ele os teria incentivado a encontrar tudo que fosse possível sobre o deus Pã a fim de usar de forma adequada e eficaz a seguinte invocação:

Invocação a Pã

Ó grande deus Pã,
Parte homem, parte fera
pastor dos bodes e senhor da terra,

eu o chamo para em meus rituais comparecer
nessa noite mágica como deve ser.

Deus do vinho,
deus da videira,
deus dos campos e do pastoreio
compareça ao meu círculo com seu amor
e envie suas bênçãos, seja como for.

Ajude-me a sentir,
ajude-me a curar,
ajude-me a criar amor e bem-estar.
Pã da clareira, Pã da floresta,
Fique enquanto minha magia se manifesta!

Os números são importantes em rituais. Por que usar uma quantidade específica de velas ou recitar um verso um certo número de vezes? Scott deu esse conselho na criação de rituais. "Em geral, os números ímpares são relacionados a mulheres, à energia receptiva e à Deusa; os números pares a homens, à energia protetiva e ao Deus". [Nota: ele não incluiu todos os números.]

- 1: O universo; O Primeiro; a fonte de tudo.

- 2: A Deusa e o Deus; a dualidade perfeita; energia projetiva e receptiva; o casal; união pessoal com a divindade; interpenetração do físico e do espiritual; equilíbrio.

- 3: A Deusa Tríplice; as fases da lua; os aspectos físicos, mentais e espirituais da nossa espécie.

- 4: Os elementos; os espíritos das pedras; os ventos; as estações.

- 5: Os sentidos; o pentagrama; os elementos mais akasha, o éter; um número da Deusa.

- 7: Os planetas que os antigos conheciam; o momento da fase lunar; poder; proteção e magia.

- 8: O número dos sabás; um número do Deus.

- 9: Um número da Deusa.

- 13: O número de esbats; um número de sorte.
- 15: Um número de sorte.
- 21: O número de sabás e luas no ano wiccano; um número da Deusa.
- 28: Um número da lua; um número da Deusa.
- 101: O número da fertilidade.

Os planetas são numerados deste modo:
- Saturno: 3
- Júpiter: 4
- Marte: 5
- Sol: 6
- Vênus: 7
- Mercúrio: 8
- Lua: 9

Scott destaca que algumas pessoas usam diferentes sistemas numéricos e que este simplesmente é o que ele usa.

Em seguida, ele apresenta diversas receitas. Aqui estão algumas delas para produzir óleos:

Óleo de Sabá #1
3 partes de patchuli
2 partes de almíscar
1 parte de cravo (flor)

Use nos sabás para promover comunhão entre as divindades.

Óleo de Sabá #2

2 partes de olíbano
1 parte de mirra
1 parte de pimenta-da-jamaica
1 gota de cravo-da-índia

Use como a fórmula acima.

Óleo da Lua Cheia #1

3 partes de rosa
1 parte de jasmim
1 parte de sândalo

Unte o corpo antes dos esbats (rituais da Lua Cheia) para sintonizar com energias lunares.

Óleo da Lua Cheia #2

3 partes de sândalo
2 partes de limão
1 parte de rosa

Use como acima.

E aqui estão alguns dos feitiços de Scott.

Canto de Proteção

Visualize um círculo triplo de luz arroxeada em volta de seu corpo enquanto entoa:

Estou protegido por sua energia,
Ó Deusa graciosa, noite e dia.

Outro do mesmo tipo. Visualize um círculo triplo e entoe:

*Três voltas no círculo no total,
que afunde no chão todo o mal.*

Magia do Barbante
"Pegue um barbante ou cadarço da cor apropriada e modele-o no altar formando uma runa ou a imagem do que você precisa: um carro, uma casa, um contracheque etc. Simultaneamente, visualize o objeto de sua necessidade; canalize o poder e envie--o adiante para que se manifeste. Então assim será."

Talvez pareça estranho para os wiccanos e bruxos de hoje, tendo em vista que a maioria em geral realiza suas práticas de maneira solitária; mas o fato de Scott, autor de livros amados e respeitados, ter escrito um livro dizendo que está tudo bem em praticar sozinho, e que você não precisa fazer parte de um coven, iniciou uma verdadeira enxurrada de controvérsias. A polêmica ficou tão evidente que ao escrever o livro *Vivendo a Wicca*, uma continuação, Scott começou com uma nota declarando:

"Este livro, um guia avançado para praticantes solitários de Wicca, não é um ataque à Wicca convencional, nem às tradições wiccanas, aos covens e aos procedimentos de treinamento habituais. Foi escrito (assim como seu predecessor) para aqueles sem acesso a esses assuntos.

"Alguns verão este livro como um insulto à sua forma de Wicca, então eu repito: este é um guia para praticantes solitários que não têm acesso à sua forma de Wicca. De maneira alguma este livro deprecia a sua ou qualquer outra tradição wiccana."

Em *Wicca: Guia do Praticante Solitário*, ele havia descrito os conceitos e as técnicas para ser um bruxo solitário, incluindo, é claro, a magia da Arte dos Sábios. Mas, para Scott, a Wicca não era apenas algo a praticar no intervalo das aulas, depois da escola ou do trabalho, ou nos fins de semana. Era algo a ser vivenciado todos os minutos do dia. *Vivendo a Wicca* aprofunda-se nos conceitos que ele introduziu no livro anterior, levando o leitor para além de simplesmente *praticar* a magia e diversos ritos e rituais, e o encaminha para *viver* como um wiccano e permitir que os conceitos da Wicca e da bruxaria permeiem tudo que fizer.

Scott discute os desafios diante do novo wiccano solitário:

> *"Às vezes, contudo, ler mais do que alguns livros pode levar a uma confusão. Os autores podem fazer afirmações contraditórias a respeito de conceitos e práticas ritualísticas wiccanos. Alguns podem obscurecer deliberadamente o conhecimento wiccano com uma prosa mística. O wiccano solitário, ansioso por respostas, pode acabar com mais perguntas, pois um especialista atrás do outro afirma que sua maneira é a melhor ou a mais eficaz [...]*
>
> *"Um livro pode afirmar que 'o altar é sempre no leste'; e outro, no norte. Um autor talvez escreva que o movimento anti-horário dentro do círculo é proibido; outro vai direcionar o leitor a se mover justamente nessa direção. Datas e nomes para os sabás e esbats variam grandemente dependendo do autor. Os instrumentos recebem nomes, atributos e funções diferentes.*
>
> *"Em algum momento, os livros que originalmente inspiraram o novo wiccano solitário talvez se tornem uma fonte de confusão e desespero, e ele ou ela pode colocá-los de lado, decidindo que nenhum aprendizado real pode ser adquirido com tais livros.*
>
> *"Isso é uma pena, e pode ser evitado ao se ter em mente este conceito: Cada livro é um professor diferente. Cada professor tem ideias distintas em relação ao tópico a ser ensinado. Imagine*

quatro pilotos de carros de corrida experientes que estejam ensinando iniciantes. Cada um instrui seu aluno ou aluna sobre os aspectos básicos desse esporte perigoso. Os tipos de motor mais velozes; o melhor combustível; a estratégia mais eficaz para se adotar durante as corridas. Cada piloto ensina o assunto de uma maneira diferente e expressa suas tendências, mas todos estão ensinando sobre corridas automobilísticas.

"Como professores, os livros de Wicca são bem similares. Experiência e treinamento criaram ideais específicos a respeito da Wicca para o autor ou autora de cada livro, e esses ideais estão apresentados de forma clara nessas obras. Divergências de opinião são naturais entre especialistas de qualquer campo e não deveriam desanimar quem se confronta com elas."

"Quando for desafiado com informações aparentemente contraditórias, examine-as e tome uma decisão sobre quais seguir. Ouça sua intuição. Em outras palavras, sinta-se livre para selecionar e escolher, dentre os rituais publicados e manuais sobre rituais, e assim decidir o que *parece* certo. É essa seletividade que costuma se mostrar mais eficaz."

Mais uma vez, Scott estava sendo subversivo. Ao invés de determinar a necessidade de seguir o que o coven e seu líder falassem, ele orientava que a autoridade máxima tinha de ser você e sua relação com a Deusa ou o Deus. Se funcionar para você, use. Se não, descarte. Dessa maneira, a Wicca se tornaria de fato sua e não algo baseado na crença de outra pessoa. Da mesma forma, as crenças e práticas dos outros são deles e são tão legítimas quanto as suas.

Durante os primeiros anos da Wicca, havia intermináveis "Guerras de Bruxos", batalhas entre covens e tradições sobre quais eram "reais" ou "legítimas". Com os comentários acima, Scott operou sua magia para literalmente acabar com a maioria dessas guerras. As que ainda existem tendem a se limitar à dúvida se um coven derivou ou não de outro de forma legítima; e se uma pessoa está praticando a Wicca seguindo alguns conceitos básicos, como o princípio wiccano que diz: "Se nenhum mal causar, faça o que desejar".

Então como alguém poderia tornar a Wicca parte de sua vida? Scott sugere que você comece de quatro maneiras:

- *Estude* tudo que puder.

- *Pense* sobre tudo que estudou e aprendeu, e chegue a suas próprias conclusões.

- Se as coisas não fizerem sentido, *reze* para a Deusa ou para o Deus por orientação.

- *Experimente.* Coloque o que você aprendeu, inclusive a magia, em prática. Se funcionar, mantenha; se não, use outra coisa.

O livro segue adiante com conselhos sobre como encarar a vida por um ponto de vista wiccano, incluindo explicações para doenças e como lidar com elas. Ele aponta formas de selecionar um nome mágico e então apresenta um ritual de autoiniciação na Wicca. Mais ou menos isso.

Ao contrário da maioria dos livros, ele não descreve com exatidão o que dizer e fazer nesse tipo de ritual. Em vez disso, ele oferece os conceitos do que deveria ser incluído e deixa que você preencha as lacunas, resultando em um ritual mais simples ou complexo conforme seu desejo e deixando que você escolha as palavras e as divindades. Aqui está o que, de acordo com o livro, deve ser incluído em um ritual de autoiniciação:

- Purificação de algum tipo. (Uma ducha ou banho está ótimo.)

- A montagem do altar. (Use os instrumentos com os quais já costuma trabalhar.)

- O círculo mágico. (Embora não seja necessário, ele sem dúvida eleva a atmosfera. É preferível que você já tenha praticado o lançamento do círculo mágico antes da iniciação. Se você se sentir confortável para fazê-lo, use. Do contrário, não use.)

- Invocações iniciais à Deusa e ao Deus. (Pode ser o que você usa em sua prática cotidiana ou algo especialmente elaborado para este ritual.)

- Uma morte simbólica de seu eu antigo e não wiccano. (Seja criativo. Pode consistir em se envolver em tecido preto; vendar-se sentado diante do altar [nunca enquanto anda]; até mesmo entoar um canto fúnebre. Crie uma prece apropriada para esse momento. Depois de um tempo adequado de meditação e reflexão, livre-se das amarras da morte com um brado de alegria.)

- Reze de novo para a Deusa e o Deus, dedicando-se a eles. Declare que agora você é um wiccano. Se tiver escolhido um nome mágico, diga-o em voz alta. "Eu [seu nome mágico] agora sou um wiccano" seria uma fórmula apropriada para inclusão em sua prece dedicatória.

- Relaxe dentro do círculo por alguns minutos. Observe as chamas da vela. Se tiver trazido bolo e vinho para dentro do círculo, é hora de consagrá-los e compartilhar do amor revelado da Deusa e do Deus. Quando tiver terminado sua refeição sagrada, agradeça pela presença deles e feche o círculo.

Há um capítulo sobre como os conceitos da Wicca se relacionam com o dia a dia. Isso inclui não fazer mal a ninguém, a reencarnação, o carma, a magia, o pensamento, a responsabilidade pela Terra (o cuidado com o nosso planeta) e experimentar a presença contínua da Deusa e do Deus. Scott explica como esses conceitos se aplicam no trabalho, na escola e em casa. Ele encoraja o leitor a fazer uma oferenda à Deusa e ao Deus todos os dias e descreve os segredos de uma prece eficaz a eles dedicada, incluindo a percepção de que nossos corpos são sagrados e de que a Deusa e o Deus estão tanto dentro quanto fora de nós. "Eles não residem em nenhuma parte específica de nós; estão em nosso interior. Eles existem dentro de nosso DNA. Estão presentes em nossa alma. A Deusa e o Deus estão impregnados em cada parte de nosso ser."

Scott oferece orientações sobre como você pode criar suas próprias preces e rituais mágicos, e então apresenta a chave para o futuro da Wicca: como criar sua própria tradição.

Juntos, *Wicca: Guia do Praticante Solitário* e *Vivendo a Wicca* são a base para a magia que criou uma das religiões em maior expansão no mundo hoje. São dois dos livros mais importantes e vitais para os wiccanos, bruxos e pagãos pelo mundo.

A Magia do Havaí

Para difundir minhas próprias publicações, e acompanhado por uma sorte incrível, viajei pelos Estados Unidos e pela Europa apresentando seminários e palestras. No território continental dos Estados Unidos, estive em quase todos os estados, da Califórnia ao estado de Nova York, de Washington à Flórida, cada um desses com seu estilo e suas qualidades únicas.

Porém, não existe nada como o Havaí.

Tudo é singular no Havaí, desde a simpatia do povo nativo até as enormes e perfumadas flores. Em que outro lugar do mundo, entre as comidas favoritas, estariam a carne enlatada, conhecida em inglês como *Spam* (servida no McDonald's e no

Burger King!) e um tipo de raspadinha chamada de "gelo bar-beado" ("shaved ice" em inglês)?

Estive em Kona (um *moku* ou distrito na costa ocidental da Ilha de Havaí) três vezes. Nessas ocasiões, o clima estava quente e úmido. Perguntei a um taxista o que ele fazia quando ficava abafado demais. "Nós apenas damos uma parada e vamos na-dar no mar", respondeu, compartilhando uma habitual atitude desestressada (mas definitivamente *nada* preguiçosa). Um ges-to de mãos comum no Havaí é conhecido como *shaka*. É feito com a mão fechada e os dedos polegar e mínimo estendidos enquanto a pessoa faz movimentos rotativos com a mão para a frente e para trás. Significa algo como "olá", "adeus", "rela-xe", "até logo" etc. Mesmo culturas étnicas diferentes, que tal-vez tenham divergências, concordam que o *shaka* representa o *espírito aloha* de amizade e compreensão.

As centenas de ilhas, incluindo as oito principais, que for-mam o arquipélago do Havaí não eram conhecidas dos euro-peus antes de 1778. Exploradores, mercadores e pescadores de baleias acharam proveitosos os ancoradouros havaianos. Pri-meiro chegaram como visitantes. Depois, como parece ter sido uma prática da época, como conquistadores. Missionários con-vertiam os habitantes locais, desviando-os de suas crenças. Uma aliança entre tropas britânicas e norte-americanas desembar-cou em 1874 e impingiu um novo governo sobre o povo, tiran-do o voto da maioria dos nativos e suprimindo todo o poder da rainha reinante, Lili'uokalani. Ela tentou se reestabelecer como governante, mas os estrangeiros ricos e poderosos não deixa-ram. Apenas em 1993 o governo dos Estados Unidos se descul-pou pela destituição do legítimo Reino do Havaí.

Em 1898, o Havaí foi anexado, tornando-se território dos Es-tados Unidos. Em 1900, recebeu sua autonomia. O poder real, porém, ficou nas mãos de um grupo de cinco latifundiários ricos e, para eles, era vantajoso manter o Havaí como um território.

Em 1950, seu domínio sobre as ilhas foi rompido e, menos de uma década depois, o Havaí se tornou o quinquagésimo estado dos Estados Unidos.

A influência do cristianismo havia dizimado as crenças locais, assim como havia acontecido na Europa. No continente europeu, o cristianismo prevaleceu por mais de 1.500 anos e até hoje as crenças e práticas pagãs ainda existem. Embora alguns cristãos tentassem erradicar as crenças locais no Havaí (a religião nativa, a língua e até mesmo a dança hula foram proibidas), o controle do cristianismo sobre as ilhas foi muito mais breve. Para proteger suas crenças, pouco daquele conhecimento interno era compartilhado com os não nativos. À medida que agora surgem programas para promover a cultura nativa havaiana, o tabu contra o compartilhamento com os forasteiros está cedendo pouco a pouco.

Porém, na primeira vez em que Scott visitou o Havaí, esse movimento de abertura aos forasteiros estava apenas no início. Ele me contou que, embora tenha conseguido aprender algo da magia e das crenças espirituais dos nativos, os segredos iniciáticos mais profundos eram negados aos *haoles* (pessoas não nascidas nas ilhas; estrangeiros). Acredito que ele ficou entristecido de verdade por ter sido excluído.

No final nos anos 1980 e início dos anos 1990, quando Scott fazia viagens frequentes ao Havaí, havia alguns livros populares disponíveis que supostamente falavam da magia havaiana. A maioria era constituída apenas de reaproveitamentos ou expansões imaginativas do livro *A Ciência Secreta por Detrás dos Milagres*, de Max Freedom Long, de 1948. Embora Long tivesse passado um tempo no Havaí, ele também era um filósofo do "Movimento Novo Pensamento" (precursor do Movimento New Age), e grande parte do que escreveu era decorrente do Novo Pensamento disfarçado de espiritualidade havaiana. Como muitos autores o copiaram, a veracidade de muito do que foi popularmente chamado de espiritualidade e magia havaianas é questionável.

E, mais uma vez, é por isso que tenho um respeito tão grande por Scott. Ele fez uma pesquisa intensa no Havaí, valendo-se de fontes originais. Seu livro (originalmente publicado em 1994 como *Hawaiian Religion & Magic*, seguido por uma segunda edição, de 2000, chamada *Hawaiian Magic & Spirituality*, e atualmente publicado como *Cunningham's Guide to Hawaiian Magic & Spirituality*) contém uma pesquisa tão aprofundada que acredito ser possível funcionar como manual para um curso universitário de antropologia. Mesmo assim, está escrito no estilo inconfundível de Scott, de forma que qualquer pessoa seja capaz de entender e até usar muitos dos conceitos e das técnicas como parte de suas práticas espirituais e de magia.

A atração que o Havaí despertava em Scott era profunda e muito pessoal. As incríveis flores e plantas lá existentes não nascem de forma natural em nenhum outro lugar dos Estados Unidos. Só isso já era uma razão para atrair o interesse de qualquer pessoa com foco em ervas e aromas como Scott. Mas havia mais.

Scott era um pesquisador. Sua busca era um exemplo de sua necessidade de descobrir coisas novas. Acredito que ele efetivamente estivesse procurando uma tradição espiritual que fosse ao mesmo tempo antiga e tradicional, e não uma mistura de algumas ideias antigas com outras modernas. Acho que ele encontrou isso no Havaí.

Ignorando Long e quem o copiava, a pesquisa de Scott o levou a um sistema de magia e espiritualidade genuinamente antigo e pagão. Ele enxergou nele uma linha contínua de espiritualidade que tinha inclusive semelhanças com as tradições pré-célticas das ilhas britânicas. Não, não estou sugerindo que houvesse necessariamente alguma comunicação ou ligação direta. O mais provável é que houvesse práticas dos povos ancestrais tanto do Havaí quanto da Grã-Bretanha que resultassem em abordagens semelhantes em relação ao divino, à vida, ao mundo e à magia.

Scott amava a deusa havaiana Pele e a montanha que leva seu nome. Ele me contou histórias dos *Menehune*, pigmeus míticos do Havaí, exatamente como tinha me contado antes sobre o modo como as pessoas viam os antigos pictos, como um tipo de pigmeus. Sendo de um signo astrológico da água (Câncer), é óbvio que Scott amaria as ilhas. Elas seriam como um lar para ele com tanta certeza como se ele tivesse crescido ali. E talvez isso tenha acontecido em uma vida passada. Talvez o sentimento de que as ilhas eram o seu verdadeiro lar o mantivesse atraído para lá de forma contínua.

O sistema educacional americano e o modo como apresenta a história tem sido altamente eurocêntrico. O estudo da história antiga tem o foco na Grécia e em Roma. Aprendemos pouco sobre os vastos impérios da China ou o crescimento de enormes civilizações na Índia. Não é de admirar, portanto, que a maior parte dos ocidentais saibam pouco ou nada sobre a história do Havaí e sua cultura nativa. Para remediar isso, o livro de Scott começa falando sobre a história do lugar, assim como as crenças espirituais do povo, incluindo as divindades. Ele descreve os principais deuses, Kane, Ku, Lono e Kanaloa, e as principais deusas, Haumea, Hina, Laka, Ka'ahupahau e Hi'iaka. Ele também examina numerosas divindades menores e o lugar especial de Pele, além do culto ancestral.

Scott então se aprofunda na natureza da magia entre os havaianos tradicionais. Ele analisa o poder da magia natural, conhecido como *mana*. "Todo o *mana*", escreve Scott, "se origina das divindades". Algumas pessoas têm mais ou menos dessa energia não física. "Existem dois tipos de *mana*: aquele com o qual as pessoas nascem e aquele que é adquirido." Ele descreve como era considerado possível transferir *mana* de uma pessoa para a outra, perder seu *mana* por meio do mau uso das habilidades, encontrar diferentes espécies de *mana* em diferentes objetos e o *mana* especial das mulheres.

Em seguida, Scott descreve tipos tradicionais de *kapu* ou tabus. As mulheres, por exemplo, eram proibidas de cozinhar para si mesmas ou de tocar no equipamento de pescaria dos homens. Alguns peixes e certas áreas de pesca eram restritos, com o propósito de protegê-los para as gerações futuras. As algas, consideradas alimento para os peixes, também eram preservadas. Assim, os primeiros havaianos foram alguns dos primeiros conservacionistas. Havia também diversos tabus em relação a tudo, desde vestuário até arrumações para dormir. Durante algum tempo, quebrar até mesmo um tabu sem importância podia resultar em sérios castigos.

O livro continua relatando coisas importantes para os havaianos, incluindo a água, as pedras, a chuva, a água salgada, as cores, as plantas e a hula, a dança especial. Hoje, a hula é apresentada como entretenimento; mas antigamente ela era sagrada, e as pessoas tinham que se dedicar muito para passar pelo abrangente treinamento exigido para aprendê-la. Entre 1830 e 1874, os cristãos baniram a dança como uma das ações de proibição da espiritualidade havaiana tradicional.

Por fim, essa seção do livro fala dos *Menehune*, a versão havaiana dos duendes e elfos, assim como das concepções tradicionais relacionadas a fantasmas. Com isso, Scott deixa de lado suas observações sobre a espiritualidade e as crenças dos havaianos e avança para a *ho'okalakupua*: a magia.

"Tudo indica que os havaianos não viam a magia como uma prática sobrenatural. Ao contrário, como ela era realizada com o uso do mana, que residia dentro de todas as coisas animadas e inanimadas, eles provavelmente não conseguiam conceber seu uso como contrário às leis da natureza. Na verdade, a magia era o uso do poder espiritual presente na natureza. Aparentemente, qualquer uso do mana para criar uma mudança incrível era um ato de magia.

"A magia havaiana tinha organização e teorias bastante simples. Três coisas eram necessárias: o mana do indivíduo realizando o ritual, o mana dos objetos utilizados, e a 'pule' (prece) proferida. A prece podia ser tanto o gatilho quanto o mecanismo de liberação do mana."

A magia do amor parece ter sido popular. Em um exemplo, Scott descreve como um "especialista em amor" (*kahuna aloha*) fez uma prece para um tipo especial de cana-de-açúcar, dedicando a magia para *Makanikeoe*, o deus dos ventos. A pessoa que havia se consultado com o especialista então "comeria a cana e sopraria na direção da pessoa amada. O deus vento carregava o *mana* de amor para a pessoa desejada. Uma vez tocada pelo vento, ele ou ela se cobria de amor".

Para conquistar excelência na hula, alguém formado em uma escola da dança fazia uma oferenda de um salmonete com uma prece.

Para obter sucesso em todos os empreendimentos, preparava-se um peixe que grudava nas pedras conhecido como *napili* (*nopili* na Ilha de Kauai) enquanto se fazia uma prece, e depois ele era oferecido aos deuses para que o sucesso grudasse no praticante.

Uma pedra preta plana, polida pela água, era colocada sob o travesseiro para garantir um sono seguro e repousante.

Scott também inclui informações sobre as crenças em presságios, métodos de divinação e possessão espiritual.

Conclusão

No momento em que escrevo, já se passaram quase dezenove anos desde que Scott partiu para a Terra do Verão. Ainda sinto saudades dele. Espero ter sido capaz de transmitir uma ideia de quem era Scott e de como ele agia, além das crenças e dos sentimentos que o levaram a trilhar esse caminho. Também espero que vocês tenham vislumbrado as técnicas mágicas de Scott, sua própria evolução espiritual e a magia bastante impressionante realizada por ele no mundo. É raro que uma pessoa consiga afetar de maneira positiva tantas vidas e ajudar a transformar uma fé relativamente reduzida, quase enclausurada, em uma religião mundial de crescimento gigantesco. Seus escritos, uma de suas formas de magia, realizaram essa façanha incrível.

Existe uma outra forma de magia que Scott tornou evidente. Eu a vejo no rosto das pessoas quando comentam sobre os livros e as ideias dele. É algo inegável: existe amor em seus corações. Sei que é verdade porque reconheço esse olhar em mim mesmo quando penso nele.

Mas não é só amor por Scott. É também amor no coração em relação à Deusa e ao Deus, a um caminho espiritual e pelo próximo. Talvez seja a derradeira forma de magia que Scott apresentou a centenas de milhares de pessoas.

Porque o amor é a maior magia de todas.

SCOTT CUNNINGHAM (1956-1993) foi um dos grandes mestres da Wicca e da magia natural, cuja obra clássica *Wicca: Guia do Praticante Solitário* apresentou a prática a gerações de jovens bruxos e bruxas. Praticante de magia ao longo de duas décadas e autor de mais de cinquenta títulos, ele se interessou pela magia e pela espiritualidade desde muito cedo e posteriormente foi defensor da liberdade religiosa e da igualdade de direitos para as comunidades pagãs e wiccanas. A contínua popularidade de suas obras é um testemunho do poder e da verdade de seus escritos.

MAGICAE
DARKSIDE

MAGICAE é uma marca dedicada aos saberes ancestrais, à magia e ao oculto. Livros que abrem um portal para os segredos da natureza, convidando bruxas, bruxos e aprendizes a embarcar em uma jornada mística de cura e conexão. Encante-se com os poderes das práticas mágicas e encontre a sua essência.

DARKSIDEBOOKS.COM